KB206831

고대 로마
글래디에이터의
세계

GLADIATORS 100 BC-AD 200

스티븐 위즈덤 지음 | 앤거스 맥브라이드 채색화 | 문성호 옮김

AK TRIVIA BOOK

CONTENTS

SPICVLVS COLVMBVS C ALAMVS HOLE PETRAITES PRVDES ROCYICOCVMBVS

헌사

제인, 그리프, 로지, 그리고 리들리에게
감사합니다.
역사를 호흡하며 살아가는 듯한,
쫑알쫑알 시끄러운 소년의 수다를 참고 들어주고,
거실에서 갑주를 만드는 걸 허용해준
레스, 필, 그리고 몰린에게
이 책을 바칩니다.

머리말

로마 시대의 마을 폼페이주1)의 폐허 벽에는 이런 낙서가 조각돼 있다.

'트라키아 검투사주2) 케라두스 — 아가씨들의 영웅으로 추앙받다.'

수많은 세기를 지나온 이 짧은 말은, 사람을 매혹시키는 힘이라는 것에 대해 말해주는 산증인이다. 그 매력은 서력 79년 폼페이 마을이 화산재 아래 묻혔을 때와 전혀 달라지지 않은 힘으로, 지금도 우리의 상상력을 자극한다. 21세기에 할리우드의 카메라 렌즈를 통해서 보든, 2,000년 전 콜로세움주3)의 관객석에서 오후의 햇살을 받으며 바라보든, 케라두스와 그 동료 검투사주4)들이 내뿜는 강

주1) 나폴리의 남동쪽 약 20km 지점에 있었던 상업 도시. 79년의 베스비우스 화산(현 베스비오 화산)의 분화로 매몰되었다. 분출물이 며칠에 걸쳐 마을에 쏟아져내려 4m 이상의 높이로 마을을 뒤덮었다. 그렇기에 타임캡슐처럼 당시의 생활이 거의 그대로 남았으며, 제정 로마 시대의 생활을 알게 해주는 귀중한 단서로 남아 있다.

주2) 라틴어로는 트락스(Thrax). 로마의 검투사의 한 종류.

주3) 영어로 콜로세움(Colosseum). 이탈리어로 콜로세오(Colosseo). 현재의 로마에 남아 있는 거대한 원형 투기장.

주4) 영어로 글래디에이터(gladiator). 라틴어로는 글라디아토르. 투기장에서 무기를 들고 싸웠던 사람을 말한다.

한 인상은 변하지 않는다. 그들이 살았던 사회는 통제를 받는 군단의 그것도 아니었고, 무장한 야만족 무리의 것도 아니었다. 순수하게 오락을 제공하기 위한 싸움, 도박을 위해 서로 죽고 죽이는 세계에서 그들은 살아갔다.

로마 시대의 원형 투기장(암피테아트룸, Amphitheatrum)[주5] 중에서도 가장 유명한 로마의 콜로세움 안에는 십자가가 서 있다. 이것은 기독교도의 순교자들에게 바쳐졌던 것이다. 이교도였던 역대 황제들의 명에 의해, 그들은 그 장소에서 수많은 무서운 방법으로 학살당했던 것으로 여겨진다. 예를 들어 네로 황제(재위 54~68년)는 피치 천에 기독교도들을 말아서 소각(크레마티오, crematio)했다. 이런 유감스럽고 불운한 사람들은 아마도 로마의 바티카누스 들판에 있던 경마장[주6]에서 희생되어, 불꽃에 휩싸인 그들의 몸은 되풀이되는 잔혹한 구경거리를 비추었을 것이다.

원형 투기장은 요즘에는 특히 더 잔혹하고 야만적이라 느껴지는 죽음의 스펙터클(구경거리)을 구경하기 위해 지어졌다. 역사가들은 제국 내의 여기저기에 정착해 살던 로마인들이 그 땅에 이뤄놓은 도로, 수로, 목욕탕 등 로마 제국의 '문명의 영향력' 때문에 고대 로마인을 극찬한다. 하지만 그것은 현대인의 문명관에 따른 평가이다. 로마인의 문화·문명관에는 굉장히 참혹하고 현대인의 눈에는

주5) 라틴어로는 암피테아트룸(amphitheatrum). 반원형 극장을 말하지만 원형 투기장도 가리킨다.

주6) 라틴어로는 히포드로무스(Hippodromus). 로마 시대에 말이나 전차로 경쟁을 벌이던 경기장. 장방형이며 양쪽 끝 또는 한쪽 끝이 반원형으로 된 것은 키르쿠스(circus)라 부른다. 영화《벤허》(1959년 미국 제작)에서는 이 경기장과 전차 레이스가 재현되었다. 바티카누스 평야는 현재의 바티칸 주변에 해당하며, 네로의 경마장이 있었다.

야만적인 행위로 보이는 것도 포함되어 있다. 콜로세움과 제국 내의 원형 투기장에서 벌어지는 검투사의 시합은 특히 더 불쾌한 것에 속한다.

로마인의 '야만스러움'에 대한 인식은 약간 유별났다. 그들에게 아직 정복되지 않고 남아 있는 유럽의 부족은 '로마 세계와 그 생활 양식'에 대한 이해가 전혀 없었던 데다 하등한 존재였다. 게다가 그들은 야만스럽고 천박하며 교양이 없다고 여겨졌다.

로마의 규범은 통치 수단 이상의 것이었다. 당연히 그래야 할 생활 그 자체였으며, 지배를 받는 사람들에게 물질적, 기술적인 은혜를 가져다주는 것이었다. 부족의 왕들은 그들의 통치 형태에 로마 문화를 받아들이도록 강요받았다. 그들의 왕국은 제국의 주인이 명하는 대로 따라 움직이는 꼭두각시 인형이었다. 하지만 이 안정과 물질적 은혜에는 치러야 할 대가가 있었다.

원형 투기장에서의 죽음과 형벌이라는 피비린내 나는 구경거리는 대중의 오락으로서 공공연하게 매매되었다. 하지만 그것은 또한 범죄자, 반역자, 전쟁 포로의 무참한 죽음을 보여줌으로써, 고심 끝에 쌓아올린 왕조를 위협하는 자를 로마가 용서할 생각이 없음을 알려주는 것이기도 했다. 로마의 법규범은 법을 어긴 자들을 벌함으로써 보여줄 수밖에 없는 것이었다.

유사 이래 사형과 형벌은 그 집행자가 범죄 행위라 인정한 경우에 행해진 처벌이다. 문명사회에서 범죄자란 사회가 바라지 않는 구성원을 말하는데, 극단적인 정권하에서는 이 논리가 확대되어 권력이 바라지 않는 자는 누구든 범죄자이며, 따라서 쓰고 버려도 상관없는 존재로 치부되었다. 로마 제국은 몇 세기에 걸쳐 (로마인이 그렇게 인정한) 죄인을 처형해왔다.

지배가 가져오는 은혜 중 하나로, 제국은 조화를 바랐다. 콜로세움에서 사람들이 종교적 단죄로 희생되었던 것은, 그들을 이런 조화를 어지럽히는 공동체의 적으로 보았기 때문이다. 살해당한 사람들은 대부분 조화를 어지럽히는 생각을 지닌 자로서 죄를 물은 자들이었으나, 거기에는 방화범이나 사원의 약탈범 등 전혀 별개의 희생자도 있었다. 존속 살인을 범한 자들에게도 마찬가지로 시합장(아레나, arena)주7)에서의 죽음이 기다리고 있었다.

세네카주8)는 범죄자의 공개 처형은 단순한 오락이 아니었다고 기록했다.

'(죄인을 공개 처형하는 목적은) 본보기이며, 살아 있을 때는 유용한 시민이고자 하지 않았던 그들도 죽음으로써 틀림없이 국익이 되기 때문이다.'

최대 규모의 투기회에서는 로마군의 승리를 대략적으로 재현하기 위해 몇천 명이나 되는 범죄자와 포로, 노예가 쓰였다. 이러한 본보기는 적인 야만족에 대해 로마의 우위를 확보하기 위함이며, 또한 로마 민중에게 오락과 사람이 죽어가는 모습을 보러 간다는

주7) 영어로는 아레나(arena). 시합이 벌어지는 모래를 채워둔 그라운드를 말한다. 또한 투기장 건물 그 자체를 가리킬 때도 있다.

주8) 로마의 철학자, 비극작가. 기원전 4년경~기원후 65년경. 네로 황제의 교사, 집정관으로 일했으나 반역에 가담했다는 혐의를 쓰고 자해를 명받는다.

스릴로 가득한 외출 기회를 제공했다.

　로마인들은 투기회의 스펙터클이 로마의 윤리적 가치관에 기초한 미덕, 즉 '웅심(雄心, 비르투스, virtus)주9)'을 과시하는 기회를 범죄자에게 주는 장소라 믿었다. 공격을 받았을 때야말로 용감한 정신을 발휘할 호기이며, 죽음으로써 야만스러운 혼을 고귀한 곳까지 끌어올릴 수 있다. 그들은 로마의 문화를 받아들이지 않았지만, 최소한 로마인처럼 죽을 수 있는 것이다.

　1 대 1로 싸우는 개인전의 투사들은 어떤 투기회에서든 인기가 있었으며, 대규모로 암운 속에서 서로 죽고 죽이는 범죄자들과는 구별되었다. 우리가 지금 '글래디에이터(검투사)'라는 단어를 적용하는 것은 이러한 '무장한 투사들(호플로마쿠스, hoplomachus)'이다. 그들은 짧은 검 글라디우스(gladius)주10)를 들고 싸웠으나, 범죄자들과 같은 사명을 공유했다. 1 대 1이든 차원이 다른 대규모 전투든, 싸우는 자들은 대전 상대의 피를 흐르게 하고, 그런 고통을 오래도록 끌도록 선동되었다. 그것은 선혈이 모래에 튀는 처참한 광경을 보여줌으로써 대중을 즐겁게 해주기 위함일 뿐이었다.

　모든 검투사가 추방자나 범죄자는 아니다. 막대한 상금에 이끌려 — 또는 단순히 스릴을 바라며 — 이 직업을 지망한 자도 있었다.

주9)　용기, 용맹, 덕이라는 의미. 로마에서는 지고에 가까운 도덕이었다. 공화정 시기에는 전투에서 패배한 후 도망친 지휘관이 처형되거나 살아남은 병사 전원이 강제 노동의 벌을 받았는데, 그 처벌은 실패의 책임을 지게 한다기보다 전사자들처럼 죽을 때까지 용감하게 싸우지 않은 것에 대해 처벌한다는 의미였다.

주10)　라틴어로 도검(刀劍, 칼과 검)이라는 뜻. 일반적으로는 로마인이 사용했던 양날 직검을 가리킨다. 전투에서는 큰 방패로 몸을 숨기면서 사용했으므로, 베는 것이 아니라 찌르는 용도로 사용했다.

적긴 했지만 제국 내의 마을이나 도시에서 인기를 끌었던 검투사도 있으며, 그 소문은 술집부터 궁전까지 퍼져나갔다. 각 마을의 벽에 그들의 이름이 나붙었고, 상류 계급도 고대의 호사가들도 정찬 자리에서 그들의 이야기를 화제로 삼았다.

로마 세계에서는 600년 가까운 기간 동안 시합장(아레나)이 제공하는 오락이 높은 인기를 자랑했다. 불쾌감을 느끼는 자나 투기회를 로마의 생활양식이 가져다주는 힘을 과시하는 절호의 장소로 삼는 것에 의문을 품는 자는 거의 없었다. 검투사는 시민들부터 황제(카이사르)[11]에 이르기까지 로마의 관객들에게 피를 제공하고, 관객은 그렇기에 그들을 사랑했다.

주11) 초기 역대 황제들은 율리우스 카이사르의 후계자로서 카이사르의 이름을 이어
받았다. 거기에서 황제를 나타내는 말로서 카이사르(영어식으로 읽으면 시저)라는 단
어가 쓰이게 되었다. 로마의 원수는 일반적으로 황제라 불렀으나, 원래는 원로
원의 제1인자를 의미한다. 초대 황제 아우구스투스는 오로지 프링켑스(원수, prin-
ceps)라 자칭했으며, 그의 치세 또는 제정 초기를 특별히 원수제라 부른다. 부제
(副帝)를 두게 되면서 정제(正帝)를 아우구스투스, 부제를 카이사르라 불렀다. 이
책에서는 혼란을 피하기 위해 아우구스투스를 포함해 황제로 표기했다.

Chronology
연표

		로마사		투기사
B.C 300	753년	전설상 로마 건국년. 로물루스에 의해 건국되었다.		
	509년	로마는 공화정이 된다. 7대에 걸친 왕정을 폐지한다. 최후의 왕은 에트루리아인 타르퀴니우스 수페르부스(오만한 타르퀴니우스).		
	493년	라티움 평원으로 확대가 시작되다.		
	471년	평민회 설치. 호민관 설치. 로마에서 귀족과 평민의 신분 투쟁에 의한 성과		
	450년경	로마 최초의 성문법, 12표법 제정		
	367년	리키니우스 섹스티우스법 제정. 귀족과 평민의 권리가 점점 동등해지다.		
	396년	로마 확대의 눈엣가시였던 에트루리아인 도시국가 웨이이를 병합하다.		
	390년경	켈트인에 의해 로마가 일시적으로 점령되다.		
	343년	제1차 삼니움 전쟁(-341년)		
	340년	제1차 라틴 전쟁. 로마가 라티움을 제압(-337년)		
300	298년	제3차 삼니움 전쟁. 전쟁 종결로 로마는 중부 이탈리아를 지배하고 새력을 아드리아해 부근까지 확대하다(-290년).		
	272년	로마는 이탈리아반도를 통일하다.		
	264년	카르타고와 제1차 포에니 전쟁(-241년)	264년	고 브루투스 페라가 남긴 아들들이 로마의 포룸 보아리움(소의 광장)주1)이라 불리는 장소에서 세 팀의 검투사들과 사투를 벌인다.
	241년	시칠리아(시실리)를 최초로 속주로 삼다.		
	218년	제2차 포에니 전쟁(-201년). 로마는 스페인을 획득하고 서지중해를 손에 넣는다.	216년	포룸 보아리움에서 22명의 검투사들이 싸움을 명받는다. 고 브루투스 페라의 그것처럼 추도 투기회가 대중들의 구경거리가 되고, 이전에는 사적이었던 장례가 그 죽음을 칭송하기 위한 대중오락으로 바뀌어간다.
200	171년	제3차 마케도니아 전쟁(-168년). 마케도니아 왕조 소멸	174년	로마의 플라미니우스 투기회에서 전대미문의 총 74명이나 되는 투사가 3일에 걸쳐 싸운다. 이즈음에는 투기회는 목조의 원형 투기장이 건설된 포룸 로마눔주2)에서 행해진다.

	로마사		투기사
200	149년	제3차 포에니 전쟁(-146년), 카르타고 소멸	165년	극작가 테렌티우스(영어명 테렌스)는 근처 시합장에서 투기회가 시작되면 이를 알리고 다니는 사람이 있었기에, 그의 인기 작품《의모》를 보지도 않고 관객들이 나가버렸다며 불평을 했다.
	133년	구라쿠스 형제의 개혁이 시작되다. 문벌파와 평민파의 대립이 격화되고, 이 때문에 로마는 내란의 1세기에 들어간다.		
	113년	북이탈리아에 침입해온 게르만인 부족 킴브리, 튜턴족과 전쟁(-101년)		
	111년	유구르타 전쟁(-105년)		
100	107년	평민파의 마리우스 집정관 되다. 마리우스는 군사적 위기 때 무산 시민을 군단병으로 하는 군제 개혁을 실시해 위기를 극복하지만, 이 때문에 군단병의 사병 상태가 진행되다.		
	91년	동맹자 전쟁(-88년). 동맹자에게 시민권을 부여하다.		
	88년	술라가 군대로 로마를 점거하다. 마리우스파와의 사이에서 내란 상태가 되다.	73년	검투사 스파르타쿠스가 카푸아(이탈리아 반도 남부의 도시)의 검투사 양성소의 투사 70인과 함께 반란을 일으키다.
	83년	술라, 평민파를 숙청하고 이듬해 82년에 독재관이 되는 반동 정치를 행하다.	65년	율리우스 카이사르(영어명 줄리어스 시저)는 돌아가신 아버지를 위해 검투사 구경거리를 기획하나, 정적이 카이사르의 업적을 질투해 개인이 소유할 수 있는 투사 숫자를 제한하는 의안을 가결한다. 그럼에도 이 투기회 기간 중에는 640명의 검투사가 사투를 벌였다.
	60년	제1차 삼두정치(폼페이우스, 크라수스, 카이사르). 이듬해 59년 카이사르는 처음으로 집정관이 되다.		
	49년	카이사르가 루비콘 강을 건너 폼페이우스는 로마 시를 떠나다.	46년	율리우스 카이사르가 총 1,200명이 넘는 투사를 사용해 보병과 기병과 코끼리의 싸움을 연출하다.
	44년	카이사르, 종신독재관이 되어 암살당하다.		
	43년	제2차 삼두정치(안토니우스, 옥타비아누스, 레피두스)		
	31년	악티움 해전에서 옥타비아누스가 안토니우스를 격파	29년	티토스 스타티리우스 타우루스(주3) 목조 원형 투기장이 로마에 건설되다.
	27년	옥타비아누스, 공화정 부활을 선언. 원로원에게 아우구스투스의 존칭을 받다.		
A.D.	14년	아우구스투스 몰락		
	14년	티베리우스, 황제가 되다(-37년).		
	37년	가이우스(칼리굴라) 황제(-41년).	37~41년	칼리굴라 황제는 로마의 목조 투기장에서 범죄자를 맹수의 먹이로 주고, 이를 관객들에게 보여주다.
	41년	클라우디우스 황제(-54년)		
	54년	네로 황제(-68년)	44년	클라우디우스 황제는 로마의 티토스 스타티리우스 타우루스 원형 투기장에 무대 장치를 만들고, 공들여 만든 소도구를 사용해 브리타니아(브리타니아)의 마을 약탈을 재현하다.
	68~69년	네로 황제가 자살하고, 율리우스 카이사르와 이어진 율리우스 클라우디우스 왕조 단절. 갈바, 오토, 비텔리우스가 싸워 차례로 제위하다.	64년	네로 황제 시대에 로마의 큰 화재로 최대 목조 원형 투기장이 소실되다.

14

로마사	투기사
69년 베스파시아누스 황제(-79년)	70년 선대 황제 네로가 세웠던 황금궁전의 광대한 터에 플라비우스 원형 투기장(현재의 콜로세움) 기공. 시합장 내에는 모의 해전을 하기 위해 정교하게 만들어진 인공호수가 있다. 이 시점에서는 시합장 바닥에 지하 통로는 존재하지 않았다.
79년 티투스 황제(-81년)	79년 폼페이와 헬크라네움이 베스비우스 화산의 분화로 매몰. 원형 투기장과 검투사의 숙사는 거의 그 상태 그대로 재 아래에 묻혔다. 안에는 검투사와 방문자를 포함해 63명이 무기와 방어구와 함께 갇혀 있었다.
79년 베스비우스 화산 분화	
81년 도미티아누스 황제(-96년). 베스파시아누스부터 도미티아누스까지를 플라비우스 왕조라 부름.	80년 티투스 황제가 로마에 5만 명 수용 가능한 콜로세움 건설. 봉헌식 개최 중에 투기의 희생양이 된 검투사 숫자는 타의 추종을 불허한다. 이륜전차 레이스와 나란히 투기장은 로마 세계에서 가장 인기가 높은 대중오락장이 된다.
96년 네르바 황제(98년). 소위 말하는 5현제 시대가 시작되다.	
98년 트라야누스 황제(-117년). 로마 제국의 영토 최대가 되다.	107년 트라야누스 황제는 콜로세움에 1만 명의 투사를 모으고, 4개월에 걸쳐 투기회를 연다. 수천에 달하는 추격 검투사[주4]가 목숨을 잃는다.
117년 하드리아누스 황제(-138년)	
138년 안토니우스 피우스 황제(-161년)	
161년 마르쿠스 아우렐리우스 황제(-180년). 169년까지 루키우스 베루스와 공동 통치	
180년 콤모두스 황제(-192년)	180년 콤모두스 황제가 살해당하고, 그의 검투사의 방어구는 매각된다. 그는 735회 싸웠으나 고대의 연대기 작가 빅토르는 훗날 대전 상대에게는 납으로 만든 무기를 주어 불리한 상태에서 싸웠다고 주장하다.
193년 세베루스 황제(-211년). 군단의 추대를 받아 취임하다.	
211년 카라칼라 황제(-217년)	
293년 정제와 부제 합계 4명이 제국을 분할 통치하다.	
313년 밀라노 칙령으로 기독교가 공인되다.	
375년 게르만인 민족 대이동이 차례로 시작되다.	380년 기독교가 로마 제국의 국교가 된다. 교회는 검투사와 훈련사, 그리고 투기에 관여된 모든 자에게 세례를 받을 자격이 없다고 규정한다. 투기는 대폭 축소를 보였음에도 존속되다.
395년 제국이 동서로 분열되다.	399년 검투사에 대한 대중의 흥미가 시들해졌기에 검투사 양성소가 훈련생 부족으로 폐쇄된다. 범죄자는 양성소가 아니라 광산으로 보내지게 되었으며, 훈련생 보충은 고갈된다. 크리스마스 공식 제전이 겨울철 지고의 축하 방식으로 받아들여지게 된다.
	404년 시합장에 불려와 모인 관객들에게 수도승 테레마쿠스가 투기회를 그만둘 것을 호소하나, 그는 '완고'한 투기 팬들이 던진 돌에 맞아 사망하다.

로마사		투기사	
400			
476년	서로마 제국이 멸망하다. 동로마 제국(비잔틴 제국)은 1453년까지 지속	404년	호노리우스 황제(초대 서로마 제국 황제, 재위 395~423년)는 테레마쿠스 사건을 이유로 삼아 드디어 투기장을 폐쇄하다. 투기회의 인기는 하강선을 그렸고, 거의 행해지지 않게 된다. 역사학자들에 의하면 439년부터 440년경까지는 이어졌다고 한다.
486년	메로빙거 왕조 프랑크 왕국이 건국되다.		
493년	동고트 왕국이 이탈리아에 건국되다.		
568년	랑고바르드 왕국이 북이탈리아에 건국되다.		
500		681년	동고트족주5)의 왕 테오도릭은 523년에 확실하게 투기회 폐지를 통고하나, 종식까지 이르지는 못했다. 681년이 되어 드디어 공식으로 투기회가 폐지되다.

주1) 소의 광장. 가축 시장에서 로마 시내 중앙의 티베리스(현 테베레강) 주변에 있었다.

주2) 이탈리아어로는 포로 로마노. 현 로마 시내에 남아 있는 당시의 중앙광장으로, '로마 광장'이라는 의미.

주3) 옥타비아누스(훗날의 아우구스투스 황제) 휘하의 장군. 투기장은 마르스 평야에 건설되었다.

주4) 검투사의 일종. 세쿠토르(secutor)는 '베는 사람', 또는 '추격하다'라는 의미. 컬러 플레이트 D 참조. 또한 검투사의 종류에 대해서는 일반적인 번역 표현이 없다. 이 책에서는 가타카나 표기의 번잡함을 막기 위해 일부러 단어의 의미 등을 기초로 번역했다.

주5) 게르만인의 한 부족. 테오도릭 왕(재위 474~526년)이 이끌고 이탈리아를 정복해 동고트 왕국(493~555년)을 건설했다.

Historical Background
역사적 배경

　1,000년 이상 동안 로마는 유럽, 북아프리카, 중동과 근동 지역에 걸쳐 광대한 영지를 두고 지배했다. 고대 그리스와 고대 에트루리아주1) 양쪽에 문화적 영향을 받은 로마는 강대한 카르타고주2)와 싸웠고, 전쟁에서 승리한 후 강력한 정복군을 조직해 유럽의 대부분을 서서히 로마 제국의 속주주3)로 흡수해나갔다.

　로마의 문화와 문명이야말로 유럽의 아직 정복되지 않은 미개한 야만족들과 로마인을 구별하는 것이었다. 수도나 따뜻한 바닥 같은 기술적 진보는 좀 더 훌륭한 생활이 눈에 보이는 형태가 된 것이다. 로마에서는 가장 가난한 시민조차도 정기적으로 곡물 배급을 받을 수 있었다. 로마인은 대부분의 경우, 로마의 장군들과 강대한 군대의 노력 덕분에 어느 정도 안전한 생활을 할 수 있었다. 사람들은 이 정도로 많은 것들을 가져다주는 무용의 전통을 당연하지만

주1)　이탈리아 중서부에 있던 나라. 로마 초기에 로마에 인접한 세력이 있었다. 왕정시대 로마에는 에트루리아인 왕도 있다. 로마는 얼마 안 있어 에트루리아를 능가했고, 이탈리아 중부를 제압하고 이탈리아반도를 통일했다. 관습이나 제도에서 로마는 에트루리아에 강한 영향을 받은 것으로 여겨진다.

주2)　서지중해에서 압도적인 세력을 자랑하던 나라. 수도 카르타고는 북아프리카(현 튀니지)에 있었다. 로마와 3차에 걸쳐 벌인 전쟁(포에니 전쟁)으로 멸망했으며, 기원이 되었던 도시 카르타고는 로마인에게 철저히 파괴되었다.

주3)　라틴어로 프로윙키아(provincia). 이탈리아 본국 이외의 로마 지배령의 행정 단위. 제1차 포에니 전쟁에서 승리해 획득한 시칠리아(시실리)가 최초의 속주.

자랑스럽게 생각했다.

새로운 속주에서 사람들이 사는 장소는 때때로 로마가 수많은 군단병의 목숨과 바꿔 승리를 거머쥐었던 옛 전장이었다. 정착자가 만드는 새로운 마을인 식민도시(콜로니아, colonia)에서 생활한다는 것은 바로 로마인의 긍지와 관계가 있는 일이었다. 그들은 노력의 결실과 로마화의 은혜, 소위 말하는 팍스 로마나[주4]를 직접 체험하고 있었던 것이다. 모르는 나라에서의 새로운 생활을 지켜주는 문화에 등을 돌리는 어리석은 행동은 말할 것도 생각할 것도 없는 일이었다. 새로이 만들어진 로마의 마을에 정착한 사람들은 제국의 문화에 빠져들었다. 그들은 스스로가 누리는 생활을 지원해주는 정부와 종교를 앞다투어 받아들였다.

로마 제국은 그리스의 전통만이 아니라 에트루리아식의 전투법[주5]에도 영향을 받았다. 예를 들어 그리스 신화의 신들[주6]과 에트루리아의 죽음과 내세의 개념[주7]을 모두 받아들인 것처럼 로마는 다른 문화와의 혼성을 이룩했다.

주4) 라틴어로 팍스 로마나(Pax Romana)는 '로마가 가져온 평화'라는 의미.

주5) 원형 방패와 창을 든 그리스풍의 밀집 전열을 취하는 방식. 로마의 이 전투 방법은 삼니움 전쟁을 계기로 긴 방패와 투척용 창을 도입했기에 달라지게 된다.

주6) 그리스 신은 로마 신과 동일하게 여겨지며 신봉되었다. 이 책 번역에는 기본적으로 라틴어 명칭으로 표기했다.

주7) 에트루리아인은 내세를 믿었으며, 죽은 자는 현세와 마찬가지로 사후의 세계에서 살아간다고 생각했다. 발굴된 분묘 벽면에는 연회의 모습이 그려진 벽화가 있는데, 이것은 죽은 자가 사후에도 즐길 수 있도록 한 것이다. 또 사후의 세계에서 쓰기 위한 도구도 벽에 부조로 조각되었다.

2세기의 작품을 기초로 만든 트라키아 검투사(복제). 오리지널은 오른손에 휘어진 검을 들고 있다. (저자 촬영)

투기회가 에트루리아의 산 제물 의식주8)에서 진화했다는 설이 잘못되었다는 것은 오늘날 널리 인정받은 것이다. 하지만 기원전 264년 브루투스 페라의 장례식에서 두 사람의 아들이 아버지의 유지를 받들어 소의 광장에서 동시에 3개의 투기회를 개최하기 위해 비용을 지불했다는 내용을 아우구스투스 황제 시대(재위 기원전 27~기원후 14년)의 그리스=시리아인 역사가 다마스쿠스 니콜라우스주9)가 기록했다. 그 후 100년 동안 장례 때 주최자 소유의 노예를 싸우게 하는 투기회 관습이 확실하게 받아들여져 기원전 174년에는 티토스 플라미니누스주10)가 추도 투기회(무누스, munus, 죽은 자에게 경의를 표하는 의식)를 로마 시내에서 개최해 74명의 남자들을 서로 싸우게 했다. 이 구경거리는 3일간에 걸쳐 개최되었다.

이러한 추도 투기회는 산 제물을 바라는 사투르누스 신을 모시는 사투르나리아제주11)와 때를 같이하여 12월에 열리는 경향이 있었다. 하지만 추도 투기회의 역할은 단순히 죽은 자를 추도하는 데 멈추지 않았다. 야수 사냥(웨나티오, venatio)도 열렸다. 그것은 아침에 개최되는 스펙터클이었으며, 제국에서 아득히 먼 변경에서 가져온 수백 마리의 진수(진귀한 동물)주12)가 숙련된 투수사(베스티아리우스, bes-

---

주8) 검투 시합은 에트루리아인이 악령을 진정시키기 위한 제물을 시합 형식을 통해 바친 것에서 유래되었다고 한다.

주9) 1세기경의 역사가이자 철학자. 아우구스투스 황제의 고문을 맡았다.

주10) 로마의 군인. 기원전 174년의 집정관. 퀴노스케팔라이 전투에서 마케도니아 왕 필리포스 5세를 격파한다(BC 197년).

주11) 농경신 사투르누스를 모시는 수확제나 동지제.

주12) 사자나 표범 등의 맹수만이 아니라, 코끼리나 기린도 투기장으로 운반되었다. 야수 사냥을 위해 너무나도 많은 숫자의 짐승을 모았기 때문에 토지에 따라서는 그 동물이 멸종했다고도 한다.

최상단 좌석에서 본 폼페이의 원형 투기장. 시합장 중앙에서 64m(70야드)의 거리가 있음에도 불구하고, 음향 효과가 훌륭하기에 거기에 앉아 있었을 여성들의 귀에도 상처 입은 검투사의 절규가 확실히 전해졌을 것이다. 투사들이 규칙을 지켜 소리를 내지 않았다면 모르겠지만. (저자 촬영)

tiarius)에게 온갖 잔혹한 방법으로 죽어갔다. 야수 사냥은 로마의 권위가 조우한 모질고 사나운 동물들을 복종시켰다는 것을 상징한다. 사자나 호랑이 등 극도로 위험한 야수와의 싸움은 로마가 인간에 국한되지 않고 세계에 존재하는 것이라면 야수에게조차 승리한다는 것을 보여주는 것이었다. 로마를 받아들이지 않는 문화는 곧 전부가 야만족이며 쓸모가 없었기에 빼어나게 우수한 로마인의 정복을 받아야 어울리는 것이었다.

연말에 개최되는 사투르나리아제는 관객이 추도 투기회로 죽은 자를 추도하는 것만이 아니라, 자기 자신의 죽음을 생각해보는 기회이기도 했다. 귀족이나 정치가, 그리고 속주의 주민은 추도 투기회를 그들의 생명에 대한 감동적인 찬사로 받아들이게 되었으며, 그에 따라 유서에 추도 투기회에 대비한 기록을 남겨두게 되었다. 이제는 몇 팀의 투사를 싸우게 하는 것만으로는 만족할 수가 없었다. 쇼는 희생자의 숫자와 개최 양식 어느 쪽을 택하든 기억에 남는 것이어야만 한다. 서서히 추도 투기회는 더욱 크고 더욱 사치스러운 것이 되었다. 방어구는 시각에 어필하는 것으로 진화했고, 때로는 정복당한 민족의 모습을 본뜨기까지 했다. 추도 투기회는 관리의 죽음을 모두가 추도하는 것에서, 이윽고 통속적인 정치 성명으로 로마를 찬미하는 프로파간다가 되었다.

음악가나 관리, 원형 투기장에서 일하는 작업자들에게 지불할 임금이 늘어나지만(방어구는 적에게 계속해서 몰수했으므로 '무료'였다), 자신의 추도 투기회를 열 때 비용을 아껴서 자기의 명성과 평판에 흠이 나게 할 수는 없었다. 대부분은 유서 속에 고인을 칭송하는 추도 투기회 준비에 여념이 없었고, 사람들은 명사의 죽음 때 호화로운 추도 투기회가 열릴 것을 기대했던 모양이다.

폴렌티아(이탈리아 북부 토리노 부근의 마을. 현 폴렌초)에서는 전 백인대장(켄투리오)[주13]이었던 관리가 죽었을 때 마을의 주민 모두가 그의 장례를 저지했다는 기록을 수에토니우스[주14]가 남겼다. 주민들은 그의 상속인이 모두가 기대하던 추도 투기회를 준비해줄 때까지 전력으로 장례식을 방해했던 것이다. 이 일은 마을의 평온을 어지럽

주13) 백부장. 로마 군단의 최소 전술 단위인 백인대(약 60명으로 편제)의 지휘관.
주14) 로마의 문인. 69~140년경. 작품으로는 『황제전』이 있다.

히는 정도가 아니라, 아무래도 본격적인 폭동이 되었던 모양이다. 티베리우스(황제 재위 14~37년)는 부대를 보내 소요 사태를 진압했다.

또 어떤 남자는 죽을 때 추도 투기회는 그의 전 정부들끼리 하라는 유언을 남겼다. 이 전 정부들이라는 것이 젊디젊은 소년들이었기 때문에, 다행히도 민중들이 이례적이라고도 할 수 있는 아픈 마음으로 그 유언을 무효화했다.

추도 투기회에서의 오락 스펙터클은 그러기 위해 건설된 시합장(아레나)에서 계속해서 투기회가 개최됨에 따라서 엄청나게 융성했다. 먼저 로마의 포룸 로마눔 부근에 있는 수많은 원형 극장 내부에 시합장이 건설되었다. 목조이며 바닥에는 '아레나'의 어원인 하레나(harena), 즉 모래가 깔려 있었다.

사람으로 가득했던 건물 속에서는 때때로 무참한 사고가 일어났다. 타키투스[주15]는 그중에서도 최악이라 일컬어지는 사고에 대해 다음과 같이 기록했다.

'대전쟁처럼 파괴적이고, 순식간에 시작되고, 그리고 끝났다. 전직 노예였던 아틸리우스는 피데나에 마을(로마 동북 근교에 있는 마을)에 투기회용 원형 투기장을 짓기 시작했다. 하지만 그는 단단한 지반 위에 건물의 기초를 쌓는 것도, 목조 골조를 확실하게 고정하지도 않았다. … 그곳에 투기 팬들이 몰려왔다. 인접한 마을에서도 모였고, 그 숫자는 늘어만 갔

주15) 로마의 역사가. 55년경~115년 이후. 저작물로는 『아그리콜라 전기』, 『게르마니아』, 『연대기』 등이 있다.

다. … 수많은 사람들이 북적거렸고, 결국은 건물 전체가 붕괴했다.'

시신의 회수에는 오랜 시간이 필요했고, 그동안 잔해 밑에 묻혀 있던 주검은 이미 판별 불능 상태였기에 아이러니하게도 사람이 괴로워하는 모습을 구경거리로 삼기 위해 모였던 관객들의 친족이 이번에는 가족의 유해를 둘러싸고 서로 언성을 높이고 싸우게 되었다. 타키투스는 사망자가 5만 명이라고 적었으나 약간 과장이 있을지도 모른다.

플라비우스 투기장, 훗날의 콜로세움의 완성과 함께 로마는 새로이 당당한 석조 원형 투기장을 가지게 되었다. 당초에 바닥은 모래가 깔려 있었으나, 후에 바닥 아래에 지하 터널을 지나가게 하기 위해 다시 만들었다. 지하 터널(히포게움, hypogeum)에는 장면 전환을 보조하는 승강기와 도르래, 맹수와 투사를 신속히 등장시키기 위한 들어 올리는 문 등이 설치되어 있었다.

고고학자이자 건축가인 장 클로드 골뱅은 신뢰할 만한 저작물 『원형 투기장과 검투사(Amphitheatres et Gladiateurs)』에서 '로마 세계에서 최소한 186개의 원형 투기장을 확인했다. 그 외에도 아직 86개의 원형 투기장이 존재했을 가능성이 있다고 한다면 투기회의 스펙터클이 얼마나 높은 인기를 누렸는지는 명백하다. 로마인은 틀림없이 타인의 괴로움을 구경거리로 삼아 즐겼다. 하지만 이런 취향은 실제로 그들이 살았던 더욱 폭력적인 시대 배경을 감안하고 이해해야 한다. 로마인이 이상적으로 생각했던 남성상에는 힘과 격투 훈런에 무게가 실린다. 그들은 그곳이 투기장이든 전장이든 1 대 1 싸움은 위업이라 보았다. 로마인의 혼을 나타내는 좋은 모범은 싸움터에서 어떻게 행동해야 하는가 하는 규범이 되었다'고 썼다.

저술가 발레리우스 막시무스[16]는 다음과 같은 내용을 적었다.

'아에밀리우스 레피두스는 겨우 15세이면서도 그리스의 밀집 전열(팔랑크스)[17]과 용감하게 싸웠고, 공화정 시대 전열[18]의 기동적인 특성을 살려 아군을 유리하게 이끌었다. 그는 전장에 나아가고, 적병을 죽이고, 동포를 구했다.'

로마인의 눈에 비친, 젊은 아에밀리우스에게 있었던 것은 무엇보다도 중요한 '웅심(비르투스)'이다. 그는 최고의 전사 '프리마리움 벨라토렘(Primarium Bellatorem)'이며, 전투에서 쌓은 공적으로 그는 이름도 모르는 젊은이에서 공화국, 나아가서는 제국의 도덕률까지 끌어올린 영웅이 되었다. 로마 시민은 감동한 나머지 그의 위업을 기리는 화폐를 주조했고, 예를 다해 조각상을 세웠다.

키케로[19]를 포함한 수많은 사람들에게 '타락한 남자 따윈 야만인'이라 여겨졌던 검투사들마저도 용감하게 죽음을 맞이할 수 있었다. 관객을 흥분하게 하는 것은 이런 용기였다. 자신들의 문화와

주16) 1세기 전반의 통속 역사가.
주17) 고대 그리스 군이 사용했던 전열. 큰 방패를 세워 몸을 기대고 창으로 공격했다.
주18) 공화정 시대의 전열: 중대 단위로 나눠 짠 전열로, 격자무늬 형태로 전열이 늘어섰다. 병력의 출입이 유연하기에 기동성, 개방성이 풍부하다 여겨졌다.
주19) 로마 최대의 웅변가. 기원전 106~기원전 43년. 집정관(기원전 63년).

폼페이의 원형 투기장 입구에서 시합장을 바라본다. 수많은 투사들에게는 시합장의 색채와 햇빛, 그리고 시합장에 발을 내딛는 순간 터져 나오는 환성에 휩싸이기 전에 기분을 진정시킬 수 있는 최후의 장소였다. (저자 촬영)

적에 대한 우월감을 자랑스럽게 생각하는 로마 시민들에게 투기장의 검투사는 최고의 표본이었다. 설령 투사가 최하층 인간 '피르디티 호미네스(Perditi Homines)'라 해도 시합장에서는 용기를 보여줄수 있었으며, 수치스러워해야 하는 자 '인파미스(Infamis)라 해도 현실적으로 어느 정도 용기와 기개를 보여줄 수가 있었다. 그렇다면진짜 로마 시민은 대체 어느 정도의 위업을 달성할 수 있었던 것인가 생각해보는 것이 좋겠다.

투사의 징집

검투사가 되고 싶어 하는 로마 시민은 거의 없었다. 누군가를 검투사라 부르는 것은 폭언을 하는 거나 마찬가지였다. 세네카는 이렇게 기록했다. '아들을 일찍 잃은 모친을 위로하는 하나의 방법은 만약 죽지 않고 그대로 성장했다 해도 운이 다해 검투사가 되어 싸우게 될 정도로 타락했을지도 모르잖느냐고 넌지시 말하는 것이다.'

영국의 웨스트서식스주에 있는 비그너 빌라에는 천사(케루빔)가 검투사의 방어구로 몸을 감싸고 싸우는 모습을 그린 훌륭한 로마 모자이크화가 있다. 투망 검투사와 추격 검투사 외에도, 훈련사도 패기가 없는 투사를 때려 강제로 몰아넣는 봉을 들고 그려져 있다. (태퍼가의 후의에 힘입어. 영국의 웨스트서식스주, 비그너 로만 빌라)

기독교도인 테르툴리아누스주1)와 성 히에로니무스주2)를 시작으로 검투사에 대해 사회가 취하는 위선적 태도에 화가 났던 사람들은, 검투사를 사회적으로 매춘부나 다름없이 취급하면서도 투기장에서의 활약을 흥미진진하게 구경하는 원로원 의원이나 프로 시민주3)을 대놓고 공격했다.

　　검투사의 사회적 지위는 낮았으나, 한편으로는 자극적인 생활을 누리고 부를 손에 넣을 기회를 지녔다는 모순이 있다. 이 모순이야말로 때로 지위가 높은 남자들마저도 이 직업에 매료되게 하는 요인이었다. 검투사 양성소에서는 노예 시장에서 태반의 검투사들을 모아왔지만, 새로운 훈련생 중에는 검투사에 스스로 지원한 자도 적긴 하지만 있었다.

　　이러한 남자들 중에는 상속 재산을 다 써버리고 파산한 자가 있는가 하면, 그저 스릴을 추구하는 자도 있었는데, 나머지의 태반을 점유하는 검투사는 시장에서 팔려온, 아마도 주인의 기분을 상하게 해 팔려버렸을 터인 노예들이었다.

　　역사학자 마이클 그랜트의 계산에 의하면 검투사 양성소가 입학을 허용한 열 명 중에 적어도 두 명은 자유의 몸이었다.

　　검투사 양성소 루디 글라디아토리(ludi gladiatori)는 훈련생에 대해 엄격한 징벌 방식을 취하고 있었다. '웅심(雄心, 비르투스)'을 고무하기

주1)　160년경~222년 이후. 변호사에서 기독교 사제가 되어 문필을 통해 포교에 힘썼다.
주2)　영어명은 성 제롬. 340년경~419년(420년). 성인. 수도사를 거쳐 사제, 교회박사. 라틴어 번역 성서의 주요 완성자.
주3)　생활이 보장되었기 때문에 일을 하지도 않고 단순히 시민인 것이 직업인 것처럼 된 사람들을 말한다.

위해 육체 단련과 연습을 위한 스케줄은 가혹했지만, 동시에 유망한 검투사를 건강하게 유지하기 위해 숙련된 마사지사(웅토르, unctor)와 훈련사(독토르, doctor)도 고용했다. 검투사와 마찬가지로 투기장에서 맹수와 사투를 벌이는 수투사들도 동등한 취급을 받았다.

수용자를 대체로 건강하게 유지하는 것은 양성소를 위한 것이기도 했다. 기원전 73년 검투사의 반란이 남긴 그림자는 검투사는 난폭하고 문제를 일으키는 존재라는 개념을 민중에게 심어주었을 뿐만 아니라, 혹독한 훈련 방식이 가져온 결과라는 것을 양성소가 깨닫게 만들기도 했다.

The revolt of Spartacus, 73~71 BC
스파르타쿠스의 반란, 기원전 73~기원전 71년

기원전 73년, 검투사 스파르타쿠스는 검투사에 대한 가혹한 취급에 격노해 남이탈리아 카푸아에서 검투사들을 이끌고 주인에게 반기를 들었다.[주4] 그리스인 저술가 플루타르코스[주5]와 아피아노스[주6]는 스파르타쿠스와 동료 검투사, 켈트인 크릭수스(크리코스)가 식칼을 들고 수비병을 제압했다고 기록했다.

주4) 스파르타쿠스 일당은 이탈리아반도를 종단해 시칠리아에도 세력을 미치는 등 엄청나게 대규모의 반란을 일으켰다. 스파르타쿠스의 난이라 불린다. 이 난을 다룬 영화로 《스파르타쿠스》(1960년 미국 제작)가 있다.

주5) 46년경~120년 이후. 그리스의 윤리학자이자 역사가. 대표적 저작으로 『대비열전』(『영웅전』이라고도 불린다)이 있다.

주6) 2세기의 로마 역사가.

스파르타쿠스의 무리는 전원 지대로 나아가 이탈리아 중부의 노예들에게 봉기할 것을 선동했다. 그들은 베스비우스 화산의 작은 언덕에서 야영했는데, 산 정상으로 가는 유일한 길은 클라우디우스 글라베르의 정규군이 경비하고 있었다. 스파르타쿠스는 산의 반대쪽으로 내려갈 수 있도록 넝쿨을 꼬아 만든 밧줄사다리를 만들었다고 플루타르코스는 기록했다. 그들은 무기와 인간의 힘을 구사해 글라베르 군의 허점을 찔러 후방에서 습격해 섬멸했다.

스파르타쿠스의 무리는 그 숫자가 늘어나면서 그와 크릭수스의 무리 간의 골이 깊어졌다. 두 개의 그룹은 각각 동료를 이끌고 드디어 결렬되었다. 크릭수스의 무리는 가르가누스산[주7]에서 루키우스 겔리우스와 렌툴루스 클로디아누스가 이끄는 4개의 군단에 패배했으나, 스파르타쿠스는 로마 군을 쓰러뜨리고 그 자신에게 강요되었던 직업을 비웃듯이 크릭수스의 혼을 위로하기 위해 목숨을 건 투기를 로마 병사들에게 펼쳐 보였다.

일진일퇴를 반복하는 중, 스파르타쿠스의 무리는 위대한 장군 술라[주8]와 함께 경력을 쌓아온 로마 최강의 지도자 중 한 명인 크라수스[주9]의 군대와 대치했다. 크라수스 군은 결국 스파르타쿠스에게 승리하고 그를 죽였다. 스파르타쿠스의 추종자들은 노예로 다시 돌아갈 것인지, 아니면 책형에 처해질 것인지 선택을 강요당했다.

주7) 이탈리아 동남부 아풀리아(현 풀리아)에 있는 산.

주8) 로마의 장군이자 정치가. 기원전 138~기원전 78년. 마리우스파를 격파하고 숙청해 독재관이 되며, 반동 정치와 공포 정치를 실시한다.

주9) 기원전 114~기원전 53년. 제1차 삼두정치(기원전 60년)를 했던 3인 중 1인. 스파르타쿠스의 난을 진압했다. 파르티아 원정 중 카르헤(현 튀르키예 남동부의 하란)에서 패배해 사망.

6,000명에 달하는 추종자의 처형은 로마와 카푸아 사이의 아피아 가도[10]를 따라 실시되었다.

‘We who are about to die’ — the condemned criminals
‘우리는 죽으러 가는 자’
— 유죄 선언을 받은 죄인들

검투사도 수투사도 유죄 선고를 받은 죄인(녹시우스, noxius)만큼 나쁜 취급을 받지는 않았다. 죄인은 절도, 강간, 살인 등으로 죄를 묻게 된 사회의 범죄분자이다. 시민으로서의 권리를 잃은 그들의 옥중 생활이 투기장에서 종결될 것이라는 것은 의심의 여지도 없다. 죄인에게는 마사지도 없었을뿐더러 투기를 가르쳐줄 양성소도 없다. 그들은 투기장 안에서 같은 죄인 동료들과 함께 채찍을 맞고, 검에 베어지고, 대중의 눈앞에서 처분당하는 것이다.

역사학자들의 견해에 따르면, 그들은 무기를 들고 있었을지는 모르지만 방어구는 착용하지 않았고, 완전무장한 베테랑 검투사들이 펼쳐 보이는 살인 쇼에 사용되었다. 훈련을 받은 자와 받지 않은 자를 확실하게 구별해두는 것은 숙사나 투기장에서 반쯤은 지원해온 듯한 자와 강요받은 자의 생활을 이해하기 위해 필요한 것이다.

주10) 아피우스 클라우디우스가 건설한 가도. 로마~카푸아~브룬디시움을 연결한다.

투망 검투사(이름은 쿠넨디오)의 망에 걸린 추격 검투사 아스티낙스가 도망치려고 발버둥을 친다. 이 모자이크화의 다음 장면에서는 투망 검투사가 패해 추격 검투사가 패자를 죽이려 한다. (저자가 그린 일러스트)

Acquisition of fighters
투사의 조달

라니스타(lanista)라 불리는 훈련사 겸 흥행사가 소유한 검투사단 '파밀리아 글라디아토리아(familia gladiatoria)'에서 활약할 것 같은 인재를 사 모으기에 최적의 장소는 노예 시장이었다. 흥행사는 보통 성공해서 자유의 몸이 된 전직 검투사들로, 우수한 투사가 될 자질을 간파하는 능력이 있었다. 그들은 자유인이긴 했지만 자신들이 육체적 위험을 무릅쓰고 타인의 죽음으로 수입을 얻었기 때문에 사회적 지위는 최하층으로 여겨졌다. 매춘부의 배후나 매춘 주선업자와 동등했다. 그래서 상류 사회로 올라가기 위해 스스로를

'검투사단 경영자', 즉 '네고티아토르 파밀리아에 글라디아토리아에 (Negotiator Familiae Gladiatoriae)'라 부르는 자도 있었다.

흥행사는 관객이 검투사의 육체미와 단정한 용모에 큰 환호를 보낸다는 것을 알고 있었다. 폼페이에 남아 있는 노골적인 낙서에 의하면, 투망 검투사(레티아리우스[retiarius, 그물]를 사용해 싸우는 검투사) 크레스켄스주11)는 '밤이 되면 여자를 그물로 낚는 남자'였던 모양이다.

우수한 검투사들은 사회적 계층을 불문하고 여자, 남자 모두가 정부로 삼기를 바라곤 했다. 발굴된 폼페이 숙사에서 호사스러운 옷을 입은 부인이 몇 명의 투사와 함께 발견되었다. 마르쿠스 아우렐리우스 황제의 아내인 소(小) 파우스티나가 검투사들과의 정사에 빠져 있다는 소문이 돌기도 했다. 애초에 이 소문은 그녀의 아들(훗날의 황제 콤모두스)이 10대 시절부터 스포츠를 좋아했다는 것을 야유하며 퍼진 것이다.

역대 황제 휘하에서 장래가 촉망되는 검투사의 거래 가격은 엄격히 통제되기 시작했다. 세비야(스페인 남서부의 주 또는 주도)의 비문에는 제국 내의 종류별 검투사의 공정 최고 가격이 표시되어 있다.

Danaos - a new recruit
다나오스 — 신인 검투사

다양한 자료를 기초로 2세기에 살던 검투사 다나오스의 생활과

주11) 레티아리우스. 검투사의 일종. 삼지창과 그물을 쓰는 검투사.

직업을 여기에 재구축해보도록 하자. 그의 묘석은 오스트리아의 빈에 있는 미술사 박물관에 보관되어 있다.

강요든 지원이든 흥행사(라니스타)는 다나오스의 근육과 신장에 눈독을 들였다. 골격 연구를 했던 고고학자 사라 C. 비셀에 의하면, 헬크라네움(폼페이와 함께 매몰된 마을)에서 발굴된 로마인의 평균 신장은 남성이 1m 65cm, 여성이 1m 55cm였다. 물가 발굴 조사에서 최근 발견된 로마 기병은 1m 73cm였다. 이것으로 병사나 검투사에게 요구되었던 체격을 어느 정도 알 수 있다.

다나오스와 동료 검투사는 짐마차가 도보로 숙사로 데려온 것으로 보인다. 검투사에게 사회적 신용은 없었다. 그것은 단순히 그들의 사회적 지위가 낮기 때문만이 아니라, 스파르타쿠스가 반기를 든 그날부터 반역과 폭동의 씨앗이라는 평가가 내려졌기 때문이다. 병사나 간수가 24시간 내내 다나오스를 감시하고, 자살이나 도망 시도에 대한 경계를 게을리하지 않았다. 그와 마찬가지로 노예시장에서 팔려온 포로들은 명백하게 행동을 저해하는 구속용 사슬에 묶여 있었을 것이다.

경계 엄중한 양성소의 중앙 정원을 보면, 새로운 검투사단(파밀리아 글라디아토리아)에는 지원자도 있다는 것을 알 수 있다. 그들은 자유민으로, 사슬에 묶여 있지 않았던 것은 안전을 위협할 우려가 없기 때문이었을 것이다. 해방된 노예의 수요는 엄청나게 높았고, 그 처우도 훨씬 나았다. 흥행사는 그들 쪽이 강요당한 자들보다 훨씬 열심히 싸우고 더 좋은 볼거리가 되리라 생각했다. 페트로니우스 아르비테르주12)의 희곡 『사티리콘(Satyricon)』의 작중 인물 트리말키오주13)는 방문한 검투사단의 용기를 청송했다.

'3일간의 작품은 최고였다. 게다가 그냥 삼문 검투사단이
아닌, 대부분이 자유민이었다!'

때로는 상류 계급 자녀가 시합장에 발을 들이는 경우도 있었다. 페트로니우스 아르비테르는 여성 검투사로서 싸웠던 원로원 계급 출신의 여성을 언급했다. 투기장을 굉장히 싫어했던 사모사타의 풍자 작가 루키아노스주14)는 붙잡힌 친구를 되찾기 위해 1만 드라크마주15)를 벌고자 흑해 연안의 마을 아마스트리스(현재 튀르키예에 있다)에서 벌어진 시합에 출전한 남자 시신네스의 행동을 기록했다. 사회가 멸시했던 검투사에 지원하는 것은 엄청난 수치일 뿐이었다. 그들은 개인의 존엄을 박탈당하고, 정상적인 사회 밖으로 튕겨 나가고, 수치스러워해야 하는 자(인파미스)였던 것이다. 창부처럼 다나오스 일행은 돈을 위해 육체를 판 것이다.

주12) 65년 사망. 로마의 작가. 좋게 말하면 취미인, 나쁘게 말하면 놀이꾼으로 알려져 있었으며, 유능한 행정가이면서도 네로 황제의 방탕한 생활 선생님이었다고 여겨진다. 하지만 최후에는 모반에 가담했다는 의심을 받아 네로 황제에게 자살을 명받았다. 청년들의 방랑 이야기 『사티리콘』을 썼다고 한다.

주13) 『사티리콘』의 등장인물로 유복한 해방 노예. 노예 시절에 실무를 경험한 해방 노예는 실무가로 다양한 분야에서 성공할 수 있었다. 특히 장사 노하우를 익힌 해방 노예는 장사를 시작해 부를 축적할 수 있었다. 트리말키오가 등장하는 『트리말키오의 향연』은 당시의 생활문화를 아는 데 귀중한 역할을 한다.

주14) 2세기 그리스의 풍자 작가. 시리아의 사모사타 출신. 정치나 사회를 매도하는 작품을 남겼다.

주15) 고대 그리스의 은화. 고대 로마의 은화 데나리우스에 상당한다.

하지만 개중에는 투기장의 매력과 싸움에 도전하고 싶다는 욕망에 저항하지 못한 자도 있다. — 설령 그것이 황제일지라도.

콤모두스 황제(재위 180~192년)는 어렸을 적부터 투기에 집착했는데, 아버지 마르쿠스 아우렐리우스(재위 161~180년)의 정적들이 그가 황제의 아들이 아니라 어딘가에서 온 검투사가 낳은 아이가 아닐까 하고 억측하게 할 정도였다.

영국, 에식스주 콜체스터에서 출토된 노예의 목줄. 철로 만든 고리와 사슬은 노예의 목에 딱 맞도록 만들어졌다. 경첩이 달린 고리의 한쪽 끝을 다른 쪽에 통과시키고, 다른 노예를 묶은 쇠사슬을 연결하면 벗겨지지 않게 된다. 이렇게 많은 노예를 한 줄로 연결할 수 있었다. (저자가 그린 일러스트. 에식스주 콜체스터 캐슬 뮤지엄의 전시물을 그린 것)

그는 확실히 청춘기의 대부분을 검투사와 함께 보냈다. 성인이 된 후에는 보석으로 치장하고, 금박을 입힌 추격 검투사(세쿠토르)의 방어구를 몸에 두르고 싸웠다. 암살당할 때까지 투기장에서 700회 이상이나 승리했다고 하는데, 같은 시대의 저술가 빅토르는 콤모두스 황제의 대전 상대는 납 무기를 들게 했다고 주장했다.

'타오르는 불꽃과 쇠사슬의 구속에 견디고, 채찍으로 맞고, 그리고 강철로 도륙날 것을 맹세한다!(Uri, vinciri, verberari, ferroque necari!).'

콤모두스 황제가 이 검투사의 맹세를 했는지 아닌지는 우리가 알 방법은 없으나, 다나오스와 함께 나란히 섰던 검투사들은 양성소에 들어가는 의식의 일환으로 이 말을 복창해야만 했다. '쇠사슬의 구속'은 명백히 그들의 목줄을 말하며, '채찍으로 맞는다'는 검투사들을 서로 싸우도록 부채질하기 위해 흥행사가 사용하는 나무 채찍주16)을 가리킨다. '강철로 도륙난다'에 이르면 명백해진다.

다나오스 일행은 훈련장 주변에 빙 둘러 설치된 자물쇠가 달린 좁은 방으로 끌려갔고, 점점 앞으로의 생활에 대해 생각하게 되었을 것이다. 지원자들은 현금으로 흥행사에게 '출소료'를 지불하기만 하면 금방 입소를 취소할 수 있었다. 강요받은 자들을 기다리는 것은 숙사에서의 훈련과 투기장뿐이었다.

주16) 나무로 만든 가늘고 긴 채찍은 징계, 징벌을 위해서도 쓰였고 군단의 백인대장
       도 소지했다. 상위자, 우월자의 상징이기도 하다.

다리 위의 검투사(폰타리우스, pontarius)들을 그린 부조. 다리를 설치한 시합 형식은 어떤 검투사 조합이라도 쓰였는데, 투망 검투사와 추격 검투사가 가장 일반적이었다. (저자가 그린 일러스트)

폼페이의 검투사 숙사. 기와로 이은 지붕과 복도 일부를 1세기의 모습으로 복원했다. 4개의 벽에 둘러싸인, 풀이 무성한 광장은 훈련장이었다. (저자 촬영)

　　포로든 로마의 특권 계급 젊은이든, 지금의 그들은 최하층의 검투사이며, 신인 검투사(티로네, tirone)로서 평등했다.

Daily Life
매일의 생활

Accommodation
주거

폼페이에 있던 검투사의 장대한 숙사는 원래 주거지로 만들어진 것이 아니다. 이 건물이 이 지역에서 징집되고 마을 반대쪽에 있는 마찬가지로 장대한 투기장에서 싸우게 될 검투사들의 훈련 센터가 된 것은 62년부터의 일이다.

회반죽으로 밑칠을 한 이 건물 방의 노란 벽에는 이런 이름이 새겨져 있다.

'율리아누스주1)', '아우구스티아누스', '네로니아누스'

이것은 황제의 후원을 받은 검투사들의 존재를 나타내는 것이지만, 이곳이 공식 양성소 터라는 명확한 기록은 아니다. 폼페이의 눅눅한 방을 보면, 모든 검투사가 초라한 생활환경 속에서 살았다고 생각하기 일쑤다. 확실히 신입에게는 검투사 숙사의 계급 제도에 따라 가장 열악한 주거 환경이 주어졌지만, 투기장에서 승리를 거두거나 애초에 자유민 지원자였을 경우에는 주거 환경의 질이 향상되었다. 그들이 검투사의 최고위인 프리무스 팔루스(primus palus)까지 올라간다면, 가장 좋은 주거 환경을 요구할 수 있었다. 흥행사에게 그들이 건실한 상품인 이상, 그 요구는 대부분 받아들여졌을

주1) 율리우스 카이사르와 아우구스투스의 씨족명에 관련된 것으로 '율리우스의'라는 의미가 있다. 이하 마찬가지로 아우구스투스, 네로와도 관련된 이름.

것이다.

사회생활과 일과

 폼페이의 양성소에서는 새겨서 기록한 낙서가 방 벽을 뒤덮고 있다. 그것은 그곳에 갇혀 있던 남자들의 마음속 깊은 곳을 엿볼 수 있게 해주는 귀중한 자료다.

 치졸하게 새겨진 여성상과 그 아래에 있는 이름, 이것은 검투사가 기도하기 위해 각각 믿었던 신들의 작은 상을 벽에 끼워두기 위해 파냈던 홈과 마찬가지로 드문 것이 아니다. 폼페이의 낙서는 그 방에 살던 사람들의 성공과 좌절을 말해준다. 찾아오는 창부와 관련된 으레 있을 법한 음란한 낙서는 남자들의 담장 밖 세계를 떠올리게 하는 것이 되었다.

 지원한 검투사들은 직무에서 도망칠 리가 없다고 여겨져, 강요받은 자들처럼 삼엄한 감시하에 놓이는 일은 없었다. 그렇지만 강요받은 검투사라 해도 연인을 가질 수 있었으며, 아이의 존재가 알려진 일이 없었던 것은 아니다. 폼페이의 숙사에서는 아이가 하나 발견되었으며, 스미르나(현 튀르키예의 이즈미르)에서는 검투사들이 양성소의 이름으로 동료의 딸의 장례에 돈을 냈다고 한다.

 검투사와 울타리 밖 간의 애절한 관계는 제국 전역에 걸쳐 기록되어 있다. 하지만 아래에 기록한 사랑을 잃은 숭배자(아마토레, ama-

tore)가 파피루스 종이에 적어 보낸 메시지만큼 마음을 울리는 것은
아니다.

  '긍지 높은 남자의 생명을 받은 무르밀로 검투사.
  그물을 다루는 투사와 함께 아아, 당신은 떠나가버렸네.
  강한 양손으로 검을 쥐고, 그것이 당신의 유일한 무기.
  그리고 나를 그저 혼자, 미칠 듯한 고심 속에 남겨두고 가
  버렸네.'

  그녀가 사랑에 빠진 어인 검투사(무르밀로, myrmillo)[주2)]는 투기회 제
공자에게서 삼지창으로 무장한 투망 검투사(레티아리우스)와 싸울 것
을 명받았다. 그는 열세였고, 관객을 감동시키지 못했다. 그녀는 그
싸움의 관객들에게서 그의 죽음을 전해 들었다. 원래부터 이 두 사
람이 부부였는지 아닌지는 알 수가 없으나, 검투사와 양성소의 울
타리 밖에 있는 연인과의 정식 결혼은 기록에 남아 있다.
  도기 파편에 메시지를 새기고, 아마도 부적으로 몸에 지니고 있
었을 터인 인물도 있다. 그 인물이 애정운의 은혜를 좀 더 많이 받
았기를 바랄 뿐이다. 파면에는 그저 이렇게 적혀 있었다.

  '여배우 베레쿤다는 검투사 루키우스를 사랑한다.'

주2)   무르밀로 또는 뮤르미로(murmillo). 검투사의 일종. 투구의 정수리 부분에 물고기의
     지느러미 같은 거대한 투구 장식이 달려 있다. 컬러 플레이트 E 참조.

'여배우(혹은 창부) 베레쿤다는 검투사 루키우스를 사랑한다.' 영국의 레스터셔주에 있는 유대인 장벽 박물관 소장품인 도기의 파편에는 이렇게 적혀 있다. 구멍이 뚫려 있으므로, 사랑의 증표로 몸에 지니고 있었던 것으로 보인다.

 1세기부터 2세기 사이에 투기의 훈련사(독토르)를 갖춘 양성소가 제국의 속주 구석구석까지 출현했다. 흥행사(라니스타)와 마찬가지로 훈련사는 높은 기술을 지닌 전직 검투사들로, 각각이 무기와 방어구의 최선의 사용법을 잘 아는 종류별 투기의 전문가들이었다. 의사는 이 직업에 당연히 따라붙기 마련인 심각한 상처를 치료하고, 마사지사(웅토르)는 검투사의 몸 컨디션을 정비했다. 마사지사는 부업으로 향유나 세정제를 병에 담아 회춘하는 약으로 나이 많은 부인들에게 팔았다.

 그들 외에도 회계사, 무구 장인, 요리사, 간수들이 일했다. 훈련 중의 검투사가 양성소의 혹독한 훈련 방법을 버티지 못하고 스스로 목숨을 끊는 경우도 있었다. 양성소는 투사를 훈련시키는 데 상당한 금액을 쏟아 붓고 있었기 때문에, 흥행사로서는 그러한 경제적 손실은 피하고 싶었다. 양성소의 혹독한 훈련을 따라오지 못하는 검투사에게는 예외 없이 가혹한 벌이 주어졌다. 폼페이의 숙사에는 감옥이 있었고, 고고학자는 그 안에서 수용자들의 해골을 발견했다. 그와 동시에, 일어서지 못할 정도로 천장이 낮은 이 방에서 고통으로 가득한 벌을 받았던 남자들의, 최소한 10명분의 족쇄도 발견했다. 훈련사에게 맞고 채찍질당하는 것 또한 다반사였다. 검투사의 맹세에 있는 '채찍으로 맞고'란 이것을 가리킨다.

이 살벌한 훈련 방법을 고려해보면, 충분히 발생할 수 있는 반란에 대한 불안이 머릿속에서 떠나지 않는 것도 당연하다. 이러한 잠재적인 위험 요소를 억제해두기 위해 간수와 병사는 검투사 숙사

훈련장에 인접한 폼페이의 검투사 숙사. 흥행사와 그 부하들이 날씨가 안 좋은 날이나 매우 더운 날에는 그늘 아래에서 검투사들의 훈련을 바라볼 수가 있었으며, 동시에 검투사들의 방 안도 서늘하게 유지할 수 있도록 만들어졌다. (저자 촬영)

에 자물쇠를 걸어 검투사들을 가둬두었다. 기원전 49년, 율리우스 카이사르가 모은 총 5,000명이라는 막대한 숫자의 검투사단은 카푸아 마을에서 민가를 숙사로 삼았는데, 무기를 든 조직적인 반란을 일으킨다는 사태를 방지하기 위해 1채당 두 명이 할당되었다.

Organisation of the schools throughout the empire
검투사 양성소의 조직 형태

1세기 후반, 로마는 수도의 흥행사 일을 관리가 하기로 했다. 제국의 속주에서는 여전히 고객을 위해 검투사를 조달하는 것은 흥행사의 역할이었으나, 도미티아누스 황제(생몰년 51~96년) 시대 이후에는 로마에서의 투기회 그 자체를 제국 양성소가 직접 관할하게 되었다. 검투사의 조달과 4개의 제국 양성소, 즉 대양성소(루두스 마그누스, Ludus Magnus), 갈리아 양성소, 다키아 양성소, 그리고 투수사(베스티아리우스)의 훈련을 실시했던 마투티누스(Matutinus)주3)의 운영을 맡은 관리관(프로쿠라토르)이 흥행사를 대신했다. 그 외의 지역에서는 흥행사들은 자비로 검투사 팀을 만들어 종종 유복한 고객인 주최자(에디토르, editor)의 하청인이 되었다. 이러한 고객은 오로지 정치적인 이유로 지명도를 올리기 위해 개인적으로 투기회를 제공했다. 아마도 소지한 검투사의 절반이 죽어나갈 것을 감안하고 고

주3) 의미는 '이른 아침의'. 아침 시간에 투수사가 투기장에서 행했던 야수 사냥을 말한다. 여기서는 투수사들의 양성소를 가리킨다.

청동제 소인 검투사. 소인들은 개인의 저택에서 귀중한 유행 상품으로 수요가 높았고, 상류 계급 남녀들을 모셨다. 이것은 중장 검투사의 장비를 입은 것이다. (대영박물관, 런던)

객과 가격 교섭을 마치면, 홍행사는 검투사 팀을 사 모았다. 때로는 주최자가 검투사를 파트타임으로 고용하는 경우도 있었다.

또한 귀족이 직접 검투사 팀을 모아 훈련을 위해 자유계약 홍행사나 훈련사(독토르)를 고용하는 경우도 있었다. 키케로는 유복한 친구이자 검투사를 소유했던 아티쿠스[주4]에게 이렇게 적어 보냈다.

> '어쩌면 그렇게 멋진 집단을 구매했는가. 자네의 검투사들이 싸우는 모습은 훌륭하다고 들었네. 만약 투기장에서 싸우게 할 생각이 있다면, 쇼를 2회만 하면 들어간 비용을 충당할 수 있을 테지.'

만약 돈의 매력이 돈에 쪼들리는 용감한 투사들을 시합장(아레나)으로 끌어들였다고 한다면, 비교적 리스크가 없는 홍행사라는 직업은 영리한 실업가들을 매혹시켰다. 누메리우스 페스투스 안프리아투스는 폼페이의 벽에 순회 홍행사로서 광고를 냈다. 그는 마을을 둘러싼 벽 바깥쪽에 있는 돌(묘석까지도)에 광고를 그려 자신을 팔았다. 누메리우스 자신에 의하면 '전 세계가 그의 검투사단을 찬미했다'는 모양이지만, 숙사도 훈련장도 없는 싸구려 검투사단으로는 시장 광장이나 그 주변을 임시변통으로 꾸며서 볼거리를 제공하는 게 고작이었던 건 아닐까.

주4) 로마의 부호로 키케로의 친구. 기원전 109~32년. 키케로가 보낸 편지가 잘 알려져 있다.

컬러 플레이트

A 징집
B 폼페이에서의 훈련
C 투망 검투사
D 트라키아 검투사와 추격 검투사

E 어인 검투사
F 중장 검투사와 도전 검투사
G 폼페이에서의 오후의 쇼, 죄인
H 쟁취한 양성소

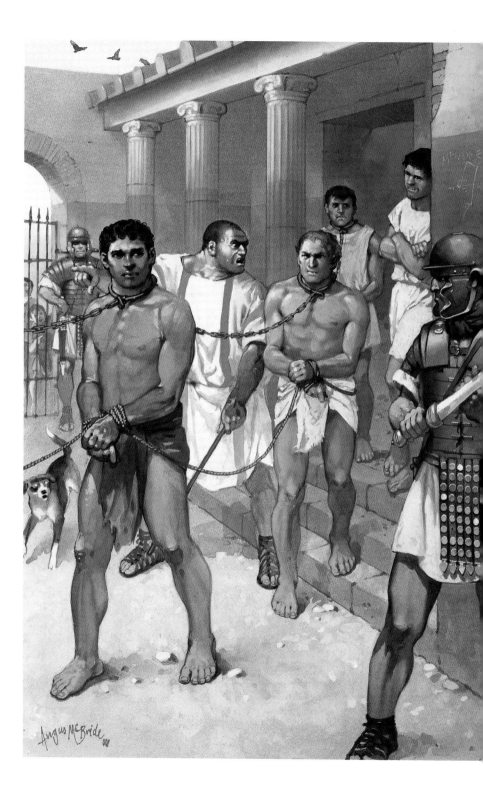

A Recruitment
A 징집

노예와 새로이 징집된 훈련생 일행은 새로운 소유자인 흥행사의 빈틈없는 감시 아래에서 제국 검투사 양성소의 숙사로 옮겨진다. 모든 집과 통로에 군단병이 배치되었고, 특히 감금실 설치는 수용자들의 폭동을 막는 데 도움이 되었다. 아마도 자유를 쟁취하고 후에 다시 돌아왔을 터인, 자유의 몸인 검투사가 이제 막 입소했을 때와 비슷한 대우를 떠올리면서 신인들이 도착하는 장면을 바라본다. 신입들은 숙련 검투사들에게 주어지는 비교적 쾌적한 생활과는 약간 거리가 먼, 숙사 중에서도 가장 허름한 방에 들어간다.

글라디우스를
손에 든 로마 군단병

B 폼페이에서의 훈련, 78년

훈련용 목검
루디스

투망 검투사

상류 부인

훈련사

추격
검투사

트라키아
검투사

훈련사(독토르)가 바라보는 가운데, 양성소의 시합장(아레나) 중앙에서 두 사람의 훈련생이 목제 검(루디스)을 손에 들고 연습 중이다. 양성소 내에서는 반역의 우려가 있기에 예리한 무기는 주어지지 않았다. 훈련사는 봉을 손에 들고, 패기가 없는 투사들을 부추긴다. 맨발의 두 사람은 각각 트라키아 검투사(트락스)와 추격 검투사(세쿠토르)의 장비를 입고 있지만, 추격 검투사 쪽은 편하게 호흡할 수 있도록 투구를 벗었다. 트라키아 검투사의 투구는 시야가 넓고 통기성이 좋기 때문에, 이 추격 검투사는 자신의 방어구가 불리하다고 느꼈을 것이다. 오른쪽 후방에서는 투망 검투사(레티아리우스)가 투기장에 박아둔 나무 말뚝(팔루스)을 향해 그물을 던지는 연습을 하고 있다. 이 일련의 과정을 잘 차려입은 여성이 바라본다. 그녀는 숙련 검투사인 연인을 만나기 위해 양성소에 온 것이다.

C 투망 검투사

투망 검투사(레티아리우스, retiarius)는 가장자리에 납 무게추(그림 2)를 단 직경 3m의 그물, 레테(그림 1)를 사용해 상대를 때리거나, 다리를 걸거나, 일러스트에 있는 것처럼 포박하거나 한다(그림 3). 긴 끈(그림 4)은 손목에 묶도록 되어 있기 때문에 잘못 던진 그물은 즉시 회수할 수 있다. 삼지창(그림 5)은 투망 검투사의 주요 무기이며, 그물을 잃었을 때 양손으로 들고 찌르면 위력을 발휘할 수 있다. 창 끝이 그물에 걸리면 성가시므로, 그걸 피하기 위해 그물을 던질 때는 삼지창 끝을 모래에 꽂아두었던 모양이다. 단검(푸기오, 혁대에 꽂아두었다)은 그물로 상대를 덮어씌우긴 했지만 움직임을 막지 못했을 경우 그물을 잘라내기 위해서도 쓰였다. 어깨 방어구(갈레루스)는 투망

3 투망을 던져 공격한다.

10 헤드밴드

9 메달 형의 부적

6 갈레루스(표면)

7 갈레루스(뒷면)

검투사가 물러서지 않고 적과 맞설 수 있을 정도의 방어력이 있었다. 갈레루스의 표면(그림 6)에는 바다와 관련된 부조가 특히 많이 보인다. 갈레루스는 상완에 가죽끈으로 고정했다(그림 7). 투망 검투사는 팔 아래 부분을 지키기 위해 안을 채워 넣은 방어구(그림 8)를 착용했다. 그는 또한 메달 형의 부적(그림 9)과 헤드밴드(그림 10)도 장착했다.

D 트라키아 검투사와 추격 검투사

2a
팔 방어구 마니카

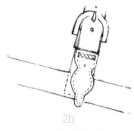

2b
마니카의 물림쇠

트라키아 검투사(트락스, 그림 A)는 전통적인 군단병의 방패, 스쿠툼 방패를 간략화한 작은 방패(그림 1)로 무장했다. 여러 곳에 쓰이는 돛천으로 만든 팔 방어구(마니카)는 그에 상응하는 방어구로 도움이 되었지만, 이후의 시대에는 금속제 스케일(비늘 모양 미늘, 그림 2)이나 메일(작은 미늘로 엮어 만든 것) 방어구가 출현했다. 내부 구조를 제시해둔다(그림 2a). 금속제 팔 방어구는 가죽 끈을 어깨와 가슴에 둘러 고정하고, 물림쇠로 조인다(그림 2b). 트라키아 검투사의 투구의 정수리에는 그리프스가 달려 있으며(그림 3), 폼페이에서 발견된 투구는 여기에 그린 것처럼 화려한 깃털 장식이 달려 있었다. 이런 종류의 투구에 있는 시야 구멍의 세부를 제시해둔다(그림 3a).

트라키아 검투사와 추격 검투사 장비 간의 큰 차이는 검이다. 추격 검투사(세쿠토르, 그림 b)는 똑바로 뻗은, 찌르기 위한 글라디우스

검(그림 4)을, 트라키아 검투사는 휘어진 시카를 휴대했다(그림 5). 보통 투망 검투사를 전통적인 대전 상대로 삼는 추격 검투사는 커다란 스쿠툼 방패(그림 6)를 들었는데, 그물에 걸려 치명적인 상태가 되지 않기 위해 장식이 없는 투구(그림 7)를 쓰고 있다. 분해도를 제시해둔다. 폼페이에서 출토된 추격 검투사의 투구는 투구 장식의 양쪽이 붉은색으로 칠해져 있었다.

추격 검투사는 가능한 한 신속하게 적에게 접근하려 한다. 방패 뒤에 몸을 숨기고, 표적이 타이밍 좋게 모습을 드러냈을 때 글라디우스로 찌른다. 글라디우스는 칼날의 폭이 좁기 때문에(칼날을 부딪칠 때 팔을 다칠 우려가 있다) 베는 공격에는 적합하지 않다. 검투사의 다리에는 펠트 형태의 모직물 위에 삼베를 말아두었다(그림 8). 양쪽 모두 발에 아무것도 신지 않았음에 주목.

7 투구의 분해도

3 그리프스의 투구 장식

3a 시아 구멍 부품

E 어인 검투사

정강이 보호대

6

7

어인 검투사(무르밀로)는 커다란 제국 군단병풍의 스쿠툼 방패(그림 1)와 보병이 쓰는 평범한 글라디우스(그림 2)로 무장했다. 검은 투사의 손에 가죽 끈으로 묶어두었다. 검은 유일한 무기로 떨어뜨려서는 안 된다. 이 시대의 조각에서도 몇 개를 볼 수 있는데, 그는 안을 잔뜩 채운 부츠 모양의 것을 신었다(그림 3). 삼각형 요포(수블리가쿨룸, 그림 4)는 허리 부근에서 묶고, 다리 사이로 앞으로 당겨서 매듭을 짓는다. 남은 삼각형 끝은 양 다리 사이에 늘어뜨려 둔다. 마지막으로 두꺼운 혁대(발테우스, 그림 5)로 누르고, 등 쪽에서 엮어서 고정한다. 어인 검투사는 한쪽 다리에만 방어구(그림 6)를 착용한다. 여기서 예로 든 것은 18세기 폼페이에서 발견된 것이다. 부조로 장식한 것은 이 외에도 출토되었다(그림

7). 여기 제시한 어인 검투사의 다양한 투구(그림 8~11)는 청동제인데 적어도 한 가지, 유럽 미술관이 소장한 투구에는 은을 체크무늬로 장식해 물고기 비늘처럼 보이게 만든 것이 있다. 여기서는 투구 장식에 '로마의 신격화(그림 12)'를 나타내는 무늬가 그려져 있는데, 등지느러미를 본뜬 투구 장식은 이 검투사의 명칭의 기원인 모르미로스(해수어)를 상기시킨다.

8

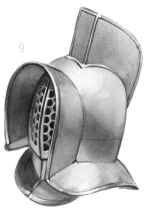

9

어인 검투사의 투구

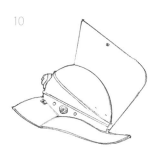

10

11

F 중장 검투사와 도전 검투사

중장 검투사(호플로마쿠스, 그림 A)와 도전 검투사(프로워카토르, 그림 B)에 대해서는 거의 알려지지 않았다. 중장 검투사의 무장은 트라키아 검투사(트락스)와 동일했는데, 목제 긴 방패(스쿠타)와 청동제 원형 방패(파르물라, 그림 1), 파이크형 무기(그림 2)가 대신한다. 이 도전 검투사는 1세기 초기형 투구(그림 3)를 쓰고 있다. 또 다른 투구(그림 4)를 제시해두겠는데, 오늘날 이런 형태의 투구는 존재하지 않는다. 이 복원도는 다수의 자료를 기초로 그린 것이다. 주석 도금한 청동제 투구(그림 5)는 영국의 서포크주 호크던에서 출토된 것이다. 중장 검투사가 안을 채운 바지 형태의 것(그림 6)을 입었다는 점에 주목해주었으면 한다. 폼페이의 벽화에서는 허벅지 위쪽에 자수나 장식이 달린 것들도 드물지 않다. 발견된 다양한 정강이 보호대도 봐주었으면 한다. 단순한 디자인의 것(그림 7)도, 세밀하

4 도전 검투사의 투구

5 주석 도금한
청동제 투구

게 조각된 것(그림 8)도 있다. 정강이 보호대는 가장자리에 단 고리에 끈을 통과시켜 다리에 고정한다(그림 9). 그 아래에는 밀착감과 방어 양면을 만족시키기 위한 충전물을 대고 있다.

두 사람은 싸움의 최후를 맞이했다. 승리한 검투사의 다리를 안은 중장 검투사는 무릎을 꿇고 죽음의 일격을 기다린다. 친구였을 경우에 죽일 의지가 흐려지는 것을 우려해, 대전 상대에게 얼굴을 보여주지 않도록 투구를 쓴 상태 그대로다.

정강이 보호대

7 8 9

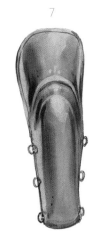

G The afternoon show: the noxii, Pompeii, AD 78

G 폼페이에서의 오후의 쇼
: 죄인, 78년

숨이 끊어지지
않은 자를
때려죽이는 카론

사체나 중상자를
옮기는 수레

추격 검투사

두려워하는
죄인

어인 검투사

투망 검투사

카르케르(계단 형태의 관객석 아래에 있는 입구 통로)는 어두웠고, 완전무장한 숙련 검투사들과 대면하고 공포에 떠는 죄인들(녹시우스, 왼쪽에서 목줄로 연결되어 있다), 투사들은 범죄자들을 용서 없이 죽이기 위해 '산 자의 문'을 지나가려 한다. 시합장의 밝은 빛 속에서, 하얀 모래는 이미 검투사들에게 살해당한 수많은 범죄자들의 피를 빨아들였다. 삼도천의 문지기 카론의 도기 가면을 쓴 담당자가 부상한 죄인을 해머로 때려죽이기 위해 대기한다. 검투사가 부상한 경우에는 캐스터가 달린 침대 같은 손수레(오른쪽에 그려져 있다)로 서늘한 통로로 운반되며, 그곳에서 신속하게 외과 치료가 이뤄진다.

H A school of his own

H 쟁취한 양성소

수지를 계산하기 위해 고민하는 것은 아스티낙스라는 이름의 인물. 해방된 전직 검투사로 흥행사가 되었으나, 검투사 훈련에 기초 회계학이 들어 있지 않았던 것을 아쉬워하기 시작했다. 젊었을 때 시합장에서 사용했던 무기나 장비를 자랑스럽게 장식해둔 방 인테리어는 승리의 월계관(코로나)을 쟁취했을 때 받은 적지 않은 상금(프라이미움)으로 마련했다. 그의 자유의 증거인 문자를 새긴 목제 검, 루디스가 앞쪽에 보인다. 투기회 쇼를 시작할 때 검투사의 소속 검투사단(파밀리아 글라디아토리아)을 밝히기 위해 관객 앞에 세워두던 깃발이 테이블과 의자 뒤에 장식되어 있다. 검투사의 숙사까지 들어온 두 사람의 소년은 35세나 되는 대머리 남자가 이전에는 위대한 검투사였다는 것을 믿지 못하는 모양이다.

글라디우스

아스티낙스의 이름이 쓰인 깃발

밀랍을 칠한 서자판

루디스

Training
훈련

대(大) 플리니우스주1)는 칼리굴라 황제가 지닌 검투사 양성소의 투사들에 대해 엄청나게 비판적이었다. 얼굴 앞에서 검을 휘둘렀을 때 눈도 깜빡하지 않고 있을 수 있는 자가 거의 없다며 불만을 토해냈던 것이다!

엄격한 훈련은 제국 어디든 공통적이었다. 양성소에서는 건물 주위에 담을, 훈련용 시합장 주위에는 벽을 둘러쳐두었다. 제국 양성소 중에서도 최대(식당과 저장실을 제외하고)의 규모를 자랑하는 로마의 대양성소(루두스 마그누스)는 처음으로 원형 투기장처럼 시찰을 받았다. 거기에는 훈련과 모의 시합을 하는 일반적인 긴 원형 시합장이 있었는데, 관객석은 훨씬 작았다. 관리관(프로쿠라토르, procurator)들은 거기 앉아서, 아래쪽 모래 위에서 연습하는 귀중한 자산을 바라보았을 것이다.

폼페이와 마찬가지로, 검투사들은 식당에서 스쿠리보니스 라르구스 같은 의사의 의견을 따라 건강 유지와 근육 강화에 적합한 특별식을 먹었다. 검투사들에게 보리남(호르데아리우스, hordearius)이라는 별명이 붙었던 것은, 동맥을 지방으로 보호해 대출혈을 막는다

주1) 로마의 저술가. 『박물지』(또는 『자연지』라고도 불린다)를 집필했다. 함대사령관으로서 베스비우스 화산 분화 시찰 중에 유독 가스에 질식해 사망. 23년경~79년.

는 곡물에서 따온 것이다.

　양성소에서는 예리한 무기 사용은 일절 금지되었으며, 훈련생에게는 먼저 연습용으로 목제 무기가 지급되었다. 독일의 오베르라덴에 있는 로마 군단병 야영지에서는 훌륭한 목제 검이 발견되었다. 관객은 마구 난도질하는 것 같은 더러운 시합은 금방 질려버린다. 그렇기 때문에 치명상을 입히면서도 극적인 연출 효과를 노리기 위해, 더욱 유효한 무기 사용법을 가르치기 위해 훈련사(독토르)를 고용했다. 종래의 로마 군과 마찬가지로, 신입은 상반신을 강화해 내구력을 기르기 위해 높이 2m에 가까운 나무 말뚝(팔루스, palus)

폼페이에 있는 숙사의 식당. 지금은 거의 무너져가는 잔해지만, 이 거대한 방에는 검투사들의 식당이 있었다. 식당은 훈련장과 인접해 있다. 배후의 출입구는 흥행사의 주거지나 사무실로 연결되어 있었다. 흥행사의 개인실로는 현재 들어갈 수 없지만, 투기의 모습을 그린 수많은 벽화로 장식되어 있다.

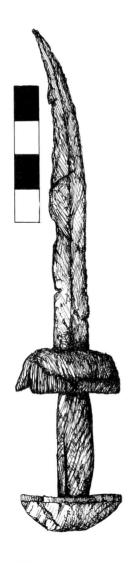

독일의 오베르라덴에서 출토된 목제 루디스, 훈련용 검. 군단의 수로 터에서 발견된 것이지만, 이 연습용 검은 숙사에서 검투사가 사용한 검과 완전히 같다. 측정막대의 길이는 10cm. (저자가 그린 일러스트)

에 몸을 부딪치고 때리는 연습을 했다. 또 대전 상대의 체형과 급소 등을 더욱 정확하게 파악할 수 있도록 지푸라기 인형을 사용하는 경우도 있었다. 이러한 지푸라기 인형은 어느 시대든 검술 학교에서 애용되었다.

고고학자는 폼페이 양성소 안에서 무겁고 너무 큰 데다 예리하지도 않은 철제 무기를 발견했다. 이것들은 훈련용이었다는 설과, 기둥 복도로 둘러싸인 그라운드를 내려다보듯이 서 있었을 것으로 보이는 약간 커다란 투사상이 들었던 무기, 즉 장식용이었다는 설로 의견이 나뉜다. 예리한 무기(아르마 데크레토리아, arma decretoria)는 투기장에서만 지급되었는데, 로마 시대의 투기 전문가인 마르쿠스 융켈만 박사는 신뢰받는 지원자와 자유민은 마음대로 무기를 사용할 수 있었을 것이라 한다. 예리하든 아니든, 검투사들은 무기를 손에 들고 처음으로 연습 시합에 들어간다. 하지만 만약 한쪽이 다쳤을 경우, 연습은 중지되고 의사가 나설 차례가 되었다. 어떤 벽화에는 전설적 영웅 아이

영국 콜체스터의 벽화 파편에는 패배를 인정한 검투사가 그려져 있다. 1세기 초 당시 콜체스터는 브리타니아의 수도였으며, 거의 틀림없이 원형 투기장과 숙사가 있었을 것이다.

네아스(로마인의 선조로 여겨진다)의 몸에서 화살촉을 제거하는 모습이 그려져 있다. 이것은 로마의 의술이 약간 원시적인 면도 있었지만, 몸에 입은 깊은 상처를 꼼꼼하게 치료할 수 있었음을 나타낸다(애초에 의사는 환자의 절규를 무시하도록 지시를 받긴 했지만). 외과용 메스, 갈고리, 겸자 등 로마의 의료용 도구가 최근 영국의 콜체스터(에식스주 북동부의 도시)에서 발견되었다. 그와는 다른 의료용 도구도 런던의 대영박물관에 전시되어 있다.

투사들은 다양한 스타일로 무장했으며, 각각의 검투사 타입에 따라 다른 장비를 지녀서 강한 면도 있었지만 상대가 파고들 만한 약점도 있었다. 다나오스가 선택받았던 타입은 그중 하나인 트라키아 검투사(트락스)이다.

훈련 중에 입은 어떤 상처라도 양성소의 의사가 치료해주었다. 후에 마르쿠스 아우렐리우스 황제의 어용 의사가 되는 페르가몬(현 튀르키예의 베르가마)의 갈레노스[주2]는 숙사에 사는 검투사의 식사와 건강에 그가 전문적인 주의를 기울인 보람이 있어 수많은 목숨을 '구했다'며, 뜻밖에도 아이러니하게 그렇게 자부했다. 그 후, 대부분이 투기장에서 목숨을 잃었기 때문에 그들에 대한 배려도 오래는 지속되지 않았던 것이다.

주2) 그리스의 의사. 29년경~199년. 해부학의 권위자로 의학의 과학적 기초를 다졌다. 마르쿠스 아우렐리우스 황제의 초청으로 로마에 왔다.

Appearance and Dress
풍모와 차림새

로마 세계의 투기 팬은 병사들 같은 신속하고 낭비가 없는 죽음 따윈 보고 싶어 하지 않았다. 시합장 안에서는 전술에 지혜를 짜내는 군사적 사고보다도 '연극적' 발상이 최고였으며, 검투사가 몸에 두른 장비는 상대를 효과적이고 신속하게 쓰러뜨리기 위한 것이라기보다는 오히려 시각적 효과를 노린 것이었다. 애초에 포로와 같이 포획한 것을 그대로 그들의 방어구로 사용했기 때문이다.

44년, 클라우디우스 황제는 전년의 브리타니아 침공 승리를 기념해 브리타니아의 마을을 점령하는 모습을 재현했다. 이때, 황제의 '적'인 부족민으로 꾸미고 관객들을 즐겁게 해주기 위해 죽은 것은 동포의 방어구를 입은 브리타니아 포로였을지도 모른다. 장비의 이러한 정확함은 쇼에 더 많은 연극적 분위기를 가미했으나, 그것은 당시에 새롭게 시작된 것은 아니다. 검투사에 관한 가장 초기의 묘사에는 간단한 의복을 입고, 기원전 310년의 삼니움식 무기를 든 투사를 볼 수 있다. 삼니움인[주1]은 로마의 장비와는 전혀 다른 새로운 형태를 띤 방어구를 가져왔고, 그것은 로마인에게는 '적'을 표현할 때의 전형적인 분장이 되었다.

주1) 로마가 초기에 싸웠던 이탈리아 중부의 종족. 전쟁을 통해 로마는 삼니움인의 무기를 받아들였다. 플루타르코스의 『대비열전』 로물루스전에 의하면 상 하단이 곡선을 그리는 스쿠툼 방패는 삼니움인에게서 도입한 것이다.

이러한 이미지는 시합에 흥을 더할 수 있도록 진화했고, 투기회 주최자가 생각을 짜낸 연출과 결합되어갔다. 2세기가 되면 사람들은 투기회 주최자에게 선거에서 표를 던진 보답으로서, 종종 무료로 투기장의 일반 관객석(마이니아나, maeniana)에서 판에 박은 듯이 재현된 전설상의 괴물과 사냥꾼의 세계를 구경하며 하루를 보내게 되었다. 시합장에서는 근육질인 반라의 '어부', 투망 검투사(레티아리우스)가 그물과 삼지창으로 무장하고, 검과 방패로 무장한 채 등지

느러미 모양의 투구 장식을 흩날리던 반인반어 사냥감 어인 검투사(무르밀로 또는 무르밀론, myrmilon)에게 다가간다. 관객은 그리프스(독수리의 얼굴과 날개, 사자의 몸을 지닌 괴물)를 장식한 투구를 쓴 트라키아 검투사(트락스)와 장식이 없는 투구를 쓴 모습의 추격 검투사(세쿠토르)가 싸우는 모습에 흥분했다.

트라키아 검투사의 조각상. 이 형태의 투사에 공통적인 휘어진 소검에 주목해주었으면 한다. (대영박물관,런던)

Undergarments
속옷

모든 투사는 남녀를 불문하고, 경장비든 중장비든 삼각형 요포(수블리가쿨룸)를 입었던 모양이다. 그 위에 튼튼하고 폭이 넓은 혁대를 두르고, 양쪽 끝에 뚫린 일련의 구멍에 끈이나 물림쇠를 연결해 조이고 튼튼하게 고정했다. 검투사들의 튜닉(짧은 상의) 아래 매일 이걸 입었던 것은 아닌 것으로 보이지만, 훈련 시에는 반드시 입었을 것이다.

천은 정삼각형으로 현대에 복원한 것으로 미루어보면 가장자리 길이가 적어도 1.5m는 됐던 것으로 보인다. 한쪽을 수평으로 펼쳐 뒤에서부터 허리에 대고, 허리에 두른 천의 자락을 앞에서 매듭 짓듯이 양쪽 끝을 묶는다. 아래로 늘어진 삼각 부분을 가랑이 사이에 넣어 앞쪽으로 팽팽하게 당기고, 매듭의 아래에 찔러 넣는다. 앞에 남은 부분과 천이 겹쳐 보이지 않게 된 이음새를 폭이 넓은 혁대(발테우스, balteus)로 누른다. 영국의 콜체스터에서 발굴된 2세기의 그릇, 콜체스터의 항아리에는 두 사람의 투사, 투망 검투사(레티아리우스)인 발렌티누스와 투구를 푹 눌러 쓴 추격 검투사(세쿠토르) 멤논이 그려져 있다. 발렌티누스가 입은 요의(수블리가쿨룸)의 가장자리에는 장식용 추, 혹은 비즈처럼 보이는 방울이 늘어뜨려져 있다. 혁대 또한 금속 자수를 놓거나, 실로 무늬를 넣거나, 정밀하게 두드려서 무늬를 내거나 청동 판을 조합하는 등 다양한 장식을 했을 것이다.

아이러니하게도, 시합장에서의 죽음은 아무렇지도 않게 받아들여졌지만 여성 격투가가 대중의 눈앞에 가슴을 드러내는 것은 미

콜체스터 항아리의 부조는 영국에서 검투사 대결 장면으로는 가장 잘 알려진 이미지 중 하나일 것이다. 이 항아리는 추격 검투사 멤논이 투망 검투사 발렌티누스와 싸워 승리하는 모습을 보여준다. 검투사가 허리에 두른 요의에 달려 있는 방울처럼 보이는 것을 주목하라. (콜체스터 캐슬 박물관, 영국 콜체스터)

풍양속에 위반되는 일이었던 모양이다. 여성 투사의 유방은 가슴띠(스트로피움, strophium), 또 나중에는 젖은 가죽으로 만든 복대(파스키아, fascia)로 감쌌다고 생각하는 경향도 있다. 그것은 일반 로마 여성들이 길고 헐거운 옷(스톨라, stola)의 밑에 입었던 것과 비슷하다. 대영박물관에는 두 사람의 여성 투사를 그린 대리석 부조가 전시되어 있다. 한 명은 비문 안에 스테이지 네임이 아마조니아라 새겨져 있다. 아쉽게도 그녀의 가슴 일부를 제외한 몸 전체가 커다란 방패로 가려져 있지만, 요포는 확실하게 볼 수 있다.

로마의 제국 검투사 양성소를 시작으로, 제국 내의 다양한 양성소의 무기고에는 훈련과 시합 당일 양측에게 지급되던 다양한 투구와 방패, 팔 방어구 등이 수납되어 있었다. 검투사들이 숙사에서 환복을 마친 후 그들을 시합장으로 데려갔는지, 시합장에서 옷을 갈아입었는지는 확실하지 않다. 하지만 영국의 웨일

아마조니아와 아킬리아를 그린 부조를 기초로 재현한 여성 투사의 머리 모양. (저자 촬영)

이 부조에는 두 사람의 여성 투사, 아마조니아와 아킬리아가 그려져 있다. 두 사람 모두 투구를 쓰지 않은 것에 주목. 이름 옆에 그려져 있는 것이 그녀들의 투구일지도 모르지만, 그녀들이 단상(포디움, podium)에서 싸우는 투사이며, 투구처럼 보이는 것은 관객들의 머리일 가능성도 있다. 역사학자들의 주의 깊은 연구에 의해 여성 투사의 머리 모양을 재현할 수 있었다. (대영박물관)

스 지방에 있는 카리안 원형 투기장에는 '차례'가 올 때까지 그들이 대기하던 목조 공간, 소위 말하는 '대기실'이 있었다는 고고학적 증거가 남아 있다.

Fabric body protection
천으로 만든 방어구

아마도 검투사는 신발을 신지 않았으리라 여겨지지만, 조각이나 모자이크화에는 가끔 가죽 '게트르'를 착용했던 것으로 보이는 흔적도 남아 있다. 이것은 다리에 착용하는 정강이 보호대가 발등에 닿는 것을 방지하기 위해서였을 것이다.

검투사가 신발을 신은 그림도 가끔 있다. 자주 비교되는 군단병들과는 그곳이 다르다. 바젤(라인강에 인접한 현재 스위스의 도시) 근교의 아우구스트에 있는 로마 박물관의 모자이크화에는 시합장에 기마로 입장해 도보로 싸우는 로마 기병(에쿠스, eques)풍 검투사의 모습을 볼 수 있다. 그들은 망토를 입고 있을 뿐만 아니라, 검은색의 신발 같은 것을 신고 있다. 마르쿠스 융켈만 박사의 권위 있는 저서 『죽음의 경기(Das Spiel mit dem Tod)』를 보면, 박사는 원전 자료를 독자적으로 해석해 몇 가지 다른 종류의 검투사를 복원했다. 중장비 검투사 중에는 바닥이 튼튼한 오버 슈즈를 신고, 펠트와 마로 만든 퀼트(충전물을 끼워 넣고 꿰맨 천)로 만든 다리 방어구를 착용한 자도 있었다.

트라키아 검투사(트락스) 다나오스도 다리와 팔에 퀼트 방어구를 착용했을 것이다. 다리를 감싸는 방어구(파스키아, fascia)와 팔 방어구(마니카, manica)를 각각 가죽 끈으로 묶는 방식은 1세기경부터 모든 투사들에게 퍼져 있었던 모양이다. 수많은 조각이나 모자이크화에서 볼 수 있으며, 그 구조에 대해서는 의견이 분분한 상황이다.

프랑스의 베르시니에서 출토된 갑주 검투사(크루펠라리우스, crupellarius)의 청동상은 거의 틀림없이 충전물을 채운 천으로 만든 것으로 추정되는 방어구를 어깨, 팔, 정강이에 착용하고 있다. 이러한 방어구의 효과는 21년 갈리아에서 일어난 사크로윌주2)의 반란에서 유감없이 발휘되었다. 반역자 측은 갑주 검투사를 모아 전열에 더했기 때문에 돌격 명령을 받은 군단병은 군용 곡괭이를 휘두르는 반란도당의 열을 뚫고 들어가

TAIA MONIVS

보르게세 미술관의 모자이크화에 그려져 있던 타이아모니우스. 4세기 후기의 투망 검투사로서 타당하다고 생각되는 차림새. 스케일(비늘 모양 미늘) 혹은 메일(작은 미늘로 엮어 만든 것) 팔 방어구를 착용했으며, 그것이 움직이지 않도록 고정하는 실용적인 가죽 끈을 가슴에 둘렀다. (저자가 그린 일러스트)

주2) 반란을 일으킨 하에두이족의 족장.

야만 했다.

로마에 있는 보르게세 미술관에는 투기의 역사 후기에 해당하는 4세기의 대표적인 모자이크화가 있다. 그것은 오늘날 후기 검투사의 장비를 가장 선명하게 보여주는 것이다. 검투사들은 발목에 천을 감은 모습으로 그려져 있다. 역사학자인 마이클 그랜트는 저서 『검투사(Gladiator)』에서 여성 투사를 있는 힘껏 비웃었던 유베날리스[주3]의 시를 인용했다. 유베날리스가 이 여성 투사의 시합장에서 몸에 착용한 장비를 헤아려보니 '그녀의 다리를 나뭇가지처럼 보이게 하는 두른 천과 테이프가 듬뿍'이었다.

현대의 복원에 의하면 경장 투사는 펠트 보호대 위에 테이프를 말아두었던 모양으

보르게세 미술관의 모자이크화에 묘사된 팜피네스. 예외적으로 가슴 전체를 덮는 흉갑과 어인 검투사 혹은 도전 검투사의 장비를 착용했다. (저자가 그린 일러스트)

주3) 로마의 풍자시인. 60~140년. 세상 일반 사람들의 퇴폐를 격렬하게 공격했다.

로, 이 두께 때문에 유베날리스
가 기지를 발휘해 '나뭇가
지'라고 표현했던 것이다.
튀르키예의 에페소스
에서 출토된 대리석 묘
비 석판(스텔레, stele)에
는 중장비 도전 검투사
(프로워카토르, provocator)
의 모습이 그려져 있으
며, 안을 채운 그의 방어
구는 왼쪽 허벅지 위쪽까
지 뻗어 있다. 또한 오른팔도
빈틈없이 뒤덮고 있다.

제국 동쪽에 있는 부조에 묘사된 절단
검투사. 이 투사는 전통적인 검을 사용
하며, 그와는 별개로 초승달 모양의 검
으로 투망 검투사의 공격을 뿌리쳤을
것으로 여겨진다. (저자가 그린 일러스트)

Metal leg and arm defence
다리와 팔의
금속제 방어구

　퀼트로 만든 다리를 감싸는 방어구(파스키아)는 틀림없이 효과가
있었을 것이며, 카푸아나 폼페이의 원형 투기장에서 상대한 투사
들은 이것을 착용하고 있었을 것이다. 18세기 중순의 발굴 때 폼페
이에서 출토된 15개의 완전한 투구는, 금속제 방어구가 실제로 사

용하기에 적합했다는 것만이 아니라, 극적으로도 감탄을 자아내게 만들어졌다는 증거이다. 100년 이후 제국의 서쪽, 로마의 지배하에 놓인 피정복 지역에서 사용된 방어구는 변화가 적은 반면, 콘스탄티노플(훗날 동로마 제국의 수도)의 지배하에 있었던 동쪽에서는 새로운 방어구나 전술이 계속해서 탄생했다.

시합장에서의 싸움에 이상할 정도로 집착하는 검투사의 모습에 아랑곳하지 않고, 원형 투기장 안에는 검투사의 기술이나 싸움의 결과를 크게 좌우하는 방어구에 흥미를 보이는 사람도 적긴 하지만 있었다. 그들도 또한 모래에 떨어지는 피를 보고 싶긴 했지만, 그중에서도 특히 다양한 다른 형태의 방패나 각종 무기를 다루는 모습이 그들을 매료시켰던 것이다. 이러한 사람들에게는, 예를 들어 트라키아 검투사(트락스)인 다나오스라면 확립된 기준을 따른 트라키아 검투사의 마땅한 모습을 답습해야만 한다. 그렇지 않으면 같은 검투사들의 무기 사용 실력을 공정하게 비교할 수가 없기 때문이다. 이 내용은 모든 종류의 검투사들에게 해당된다. 2개의 단검을 사용하는 이도 검투사(디마카에루스, dimachaerus), 검신이 달린 토시를 착용하는 절단 검투사(스키소르, scissor), 상세한 내용은 거의 알려지지 않은 특이한 눈을 가린 검투사(안다바타, andabata)도 모두 각자의 장비 유형을 따라야만 한다. 눈을 가린 검투사의 투구에는 앞을 보기 위한 구멍이 없으며, 말을 탄 그들은 마구잡이로 검을 휘두를 수밖에 없었을 것이다.

아마도 시합을 재미있게 만들기 위해 투기회의 주최자가 장비 분배를 대폭 줄여서, 최소한의 방어구만을 착용하고 싸웠던 검투사도 있었다. 트라키아 검투사를 편애하던 칼리굴라 황제는 변덕으로 어인 검투사(무르밀로)의 방어구 수를 줄여버렸다. 이 규칙을 바꿔버리는 폭거에 이의를 주장하는 자가 있었는지 없었는지는 기록되어 있지 않으나, 비판을 대하는 황제들의 반응을 고려한다면 누군가가 입을 열었으리라고는 도무지 생각하기 어렵다(도미티아누스 황제는 자신이 편애하던 어인 검투사를 트라키아 검투사가 쓰러뜨릴지도 모른다고 말했던 남자를 대중들 앞에서 들개 무리 속으로 던져버렸다고 한다).

그날의 시합으로 선전된 것들 중에 가장 일반적이고 인기 있는 종류의 검투사가 포함되어 있다면, 대기실에서 일하는 노예들은 최소한 4세트의 다른 종류의 방어구를 준비하게 된다. 우리의 트라키아 검투사 다나오스는 한 쌍의 정강이 보호대(오크

폼페이의 웨스토리오우스 프리스쿠스의 묘는 이 한 쌍의 훌륭한 검투사들을 보는 것만으로도 충분히 찾아올 가치가 있다. 베스비오 문 옆에 있으며, 22세에 죽었으나 관광객도 그가 투기장에서의 투기를 즐기고 있었음을 알 수 있다. 그의 모친이 의뢰하여 두 사람의 어인 검투사를 묘사한 그림으로 벽을 장식했다. (저자 촬영)

레아, ocrea)를 정강이를 감싼 천 위에 두르고 끈으로 묶는다. 튀르키예의 스미르나(현 이즈미르)에서는 스쿠스라는 이름의 검투사가 트라키아 검투사로서 부조로 그려져 있으며, 트라키아 검투사 고유의 정강이 보호대를 두 개 착용하고 있다. 제국 내의 다른 조각이나 벽화도 이것을 뒷받침한다.

베스비우스 화산 부근의 헬크라네움의 흙 속에서 한 쌍의 훌륭한 정강이 보호대가 발견되었다. 정강이 보호대는 접힌 가장자리 부분에 징으로 박아둔 3쌍의 D자형 고리에 끈을 통과시켜 다리에 묶도록 되어 있으며, 각각 청동 덩어리를 두들겨 늘려서 만들어졌다. 정강이 보호대에는 장식을 하지 않은 것도 있지만, 이것은 판을 두드려 그림이 표시되도록 만들어졌다. 양쪽 무릎 보호대 부분에는 고르곤주4)의 머리가 달려 있었고, 정강이 앞쪽 부분에는 무늬가 없다. 왼쪽 다리의 정강이 보호대에는 마름모꼴 안에 머리카락을 기른 얼굴을 세밀하게 그린 장식이 있으며, 오른쪽 다리에는 술의 신 바쿠스의 종자 시레누스와 그 왼쪽에 광녀 마에나스들이 보인다. 완전히 똑같이 만들어진 다른 한 쌍에는 전기를 띤 창을 든 유피테르(로마의 최고신)의 모습이 그려져 있다.

정강이 보호대 세공이 반드시 판을 두드려서 튀어나오게 한 것만 있는 것은 아니다. 압인이나 조각 등의 세공이 이 시대의 방어구에서 자주 보인다. 폼페이에는 그러한 세공으로 추정되는 일례가 있다. 베스비오 문 바깥쪽에 있는 가이우스 웨스토리우스 프리스쿠

주4) 그리스 신화에 등장하는 괴물 세 자매. 보는 자를 돌로 만든다는 얼굴은 마귀를 쫓는 부적으로 방패에 그리거나, 신전의 지붕 장식에 달기도 했다.

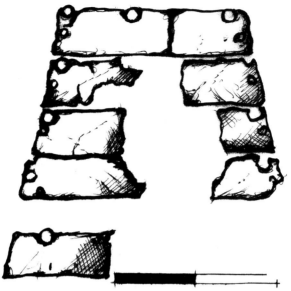

영국 뉴스테드의 발굴 현장에서 출토된 청동제 팔 방어구. 군단의 주둔지에서 쓰이던 것이다. 검투사들이 이것을 사용했는지 아닌지는 확실하지 않지만, 보르게세 미술관의 모자이크화에는 띠 모양의 금속으로 보이는 것을 팔에 두른 검투사의 모습이 그려져 있다. 측정막대는 10cm(3.94인치)를 나타낸다.

스의 묘는 장대한 벽화로 장식되어 있다. 그중 하나에는 두 명의 검투사의 모습이 그려져 있으며, 깃털 장식을 단 트라키아 검투사 쪽이 승자이다. 그의 오른쪽 다리는 명백히, 아주 희미하게 장식의 흔적이 남아 있는 커다란 정강이 보호대로 뒤덮여 있다. 정강이 보호대보다 위쪽 부분에는 명료한 무늬가 보이는 것으로 보아 충전물을 채우고 장식을 단 바지 같은 것을 입었던 것으로 보인다. 융켈만 박사에 의하면, 딱 맞는 바지 착용은 임의였던 모양이다.

　로마 제국 초기의 것으로 추정되는 폼페이의 트라키아 검투사 그

새프런 월든의 투망 검투사. 웨일스 남부의 카리안에서 출토된 이 부조는 당초 중요시되지 않았으나, 세밀하게 조사해보니 마니카의 팔꿈치 부분에서 사각형 팔꿈치 보호대판을 발견했다. 현대의 복원으로 말미암아 팔꿈치 보호대판이 있으면 판금 방어구를 사용하는 투사의 움직임이 훨씬 좋아진다는 것을 알아냈다. (영국 에식스주 새프런 월든 박물관)

림에는 금속제 팔 방어구(마니카. 판금을 덧대 연결한 것으로, 나중에는 이런 종류의 투사를 그린 것들에서 볼 수 있게 된다)는 보이지 않는다. 역사학자는 가죽으로 마니카를 만들었으리라 추측하지만, 영국의 왕립 병기박물관의 H. 러셀 로빈슨은 방어구 제조에 가죽이 폭넓게 사용되었다는 것에 대해서는 회의적이다.

106년에 트라야누스 황제가 다키아 원정을 떠났을 때, 검투사는 이미 판금을 조합해 만든 팔 방어구 같은 것을 사용했을 것이다. 왜냐하면 로마 군은 그것을 참고로 하여 굉장히 비슷한 방어구를 개

발했고, 전장에서 다키아의 낫주5)에 팔을 베이는 심각한 부상에서 군단병을 지키기 위해 지급했던 것으로 알려졌기 때문이다. 이러한 금속제 마니카 구조가 어떻게 되어 있는지에 대해서는 논의가 활발히 이루어지고 있다.

영국의 뉴스테드에서 발굴된 철제 마니카 파편은 아마도 어깨부터 팔을 따라 늘어뜨린 몇 개의 가죽 끈에 징으로 연결되어 있던 것으로 보인다. 중세의 쿠터(couter)에 해당하는 팔꿈치판(팔꿈치 부분에서 전완을 구부릴 수 있게 한 팔꿈치 보호대)이 조합되어 있지 않았다면, 마니카의 유연성에는 문제가 있었을지도 모른다. 체스터에서 발견된 (현재는 에식스주의 새프런 월든 박물관 소장) 투망 검투사를 그린 부조에는 바로 그 팔꿈치판이 확실히 보이며, 이 문제를 해결해줄 것처럼 보인다. 하지만 현재 증거가 될 만한 발견은 이것뿐이다.

마니카는 끈으로 팔에만 묶어둔 것이 아니라, 보르게세 미술관의 모자이크화에서 볼 수 있는 것처럼 가죽끈을 가슴에서 등 뒤로 넘기고, 그리고 왼쪽 어깨 위로 돌려 양쪽 끝을 버클로 고정했다.

마니카는 의도적으로 판금을 어깨부터 순서대로 덧대거나 손목에서부터 덧대는 두 가지 방법으로 만들어진 것으로 보인다. 아우구스타 제2군단주6)의 재현을 시도하는 무구 제조자 그룹에 의한 복원 결과를 보면, 검투사는 대전 상대의 무기에 따라 다른 마니카를 선택했음을 알 수 있다. 예를 들어 투망 검투사의 삼지창은 아래에서 찔러 올리고, 어인 검투사의 무기는 수평 방향의 공격이 위협적

주5) 라틴어로 팔스(falx)라 불린 도검을 말한다. 단어의 의미는 큰 낫 또는 낫이라는 뜻. 그 이름 그대로, 도신이 낫처럼 S자형으로 휘어져 있으며, 칼날이 안쪽에 있다.

주6) 브리타니아(현 영국)에 주둔했던 로마 군단 중 하나.

이었다. 그 후, 2세기부터 3세기에는 메일(작은 미늘로 엮어 만든 것)과 스케일(비늘 모양 미늘) 중 하나를 사용한 팔 방어구도 일반적이 되었다. 하지만 대체적인 의견에 따르면 이러한 방어구 재료는 군용으로는 사용되었으나, 검투사들 사이에서 쓰이게 되기까지는 좀 더 시대가 흘러가야 했다.

식전용 방어구

율리우스 카이사르는 최고급 검투사에게 순은제 방어구를 지급했고, 네로 황제 직속 검투사는 호박으로 만든 조각을 장식한 것을 착용했다고 전해진다. 게다가 도미티아누스 황제는 순금 방어구를 착용하게 하려 했다.

정예 검투사들은 이륜전차에 타고 시합장에 입장할 때는 금으로 된 술 장식이 달린 자색 망토를 걸쳤다. 폼페이에서는 그런 망토 조각이 발견되었다. 투기회 개최에 앞서 퍼레이드인 폼파(pompa)가 주최자의 손으로 성대하게 개최되었다. 투구의 깃털 장식에는 오로지 공작의 깃털이 사용되었으며, 튜닉과 요의(수블리가쿨룸)에는 금실을 수놓았다.

나폴리에서 발견된 투구는 '로마의 신격화'를 나타내는 그림이 굉장히 깊은 부조로 새겨져 있다는 점에서 개회식 퍼레이드용이었을 것으로 여겨지며, 시합 시에는 약간 간략화된 것으로 바꿨을 것으

로 생각된다. 만들어진 당시에는 잘 연마된 청동이었으며, 시합용
으로 간략화된 것에도 놀라울 만큼 많은 장식이 달려 있었다. 다만
추격 검투사(세쿠토르)의 투구만은 투망 검투사(레티아리우스)의 그물
에 걸리지 않도록 장식이 없다.

Helmets and headgear
투구와 머리 보호구

　검투사의 투구는 착용자를 보호하고, 그 결과 시합을 오래 이어
가도록 의도된 것이다. 강렬한 일격을 받은 투사가 졸도하거나, 결
국 실신해버리거나 한다면 관객의 '재미'가 반감되어버린다.

　투구의 내장재에 대한 것은, 그것이 군용이든 검투사용이든 오랫
동안 의논의 표적이 되어왔다. 두꺼운 펠트 형태로 만든 4개 부분
의 천을 풀칠해 고정한 것으로 여겨지며, 그건 싸우는 동안 투구가
어긋나게 하지 않을 정도의 두께가 있었다. 영국의 뉴스테드에서
는 기병 투구 안에서 두께감이 있는 거친 천 조각이 발견되었으며,
뺨 보호대에는 열을 가하면 끈적끈적해지는 수지성 물질의 흔적이
확실하게 확인되었다. 영국의 호드힐 발굴 현장에서도 안쪽에 천
을 붙인 군용 뺨 보호대가 발견되었다.

　수많은 검투사들이 머리에 헤드밴드, 무릎과 상완부에는 술 장식
이 달린 로프나 작은 가죽 띠를 둘렀다(컬러 플레이트 참조). 그 사용법
에 대해서는 의견이 나뉘지만, 보르게세 미술관의 모자이크화에서

볼 수 있는 검투사의 대부분이 동일하게 착용했다. 술 장식 숫자는 같지 않다. 술 장식이 승리를 나타내고, 승리 수를 일목요연하게 볼 수 있는 '득점표'의 역할을 했던 것일까.

The Thracian
트라키아 검투사

트라키아 검투사(트락스)의 투구는 그리프스를 상징하는 투구 장식을 보면 금방 구별할 수 있다. 나폴리 고고학 박물관에는 트라키아형 투구 갈레아(galea)가 적어도 2개, 또 로마의 산탄젤로성에도 하나 전시되어 있다. 보통 투구 외피는 청동을 두들겨 만든 일체형이다. 차양을 다는 외피 끝 부분이 밖으로 나와 있으며, 거기에 별도로 제작한 차양을 덧대고 망치로 두들겨 융합시킨다. 차양 가장자리는 강도를 늘리기 위해 둥글게 말고, 두 개의 얼굴 보호대는 귀 바로 앞에 경첩으로 연결한다.

트라키아 검투사의 청동상. 정교하게 주조된 깃털이 지금도 투구 장식 양쪽에 보인다. 발견된 투구 중에는 아직 깃털 장식 받침이 남아 있는 것이 몇몇 존재한다. (대영박물관, 런던)

폼페이의 극장 벽에 있는 낙서. 연극을 보기 위해 줄을 선 관객이 새긴 것. 투사의 머리 위에 그려진 깃털에 주목. (저자 촬영)

양쪽 눈의 시야 구멍은 각각 9개의 둥근 원을 뚫어둔 청동 격자로 뒤덮었다. 현대의 복원에 의하면, 이 투구를 쓴 자는 전방 시야와 통기는 괜찮았지만, 극히 드물게 열렸던 대규모의 집단전(그레가팀, gregatim)에서는 측면의 시야가 만족스럽지 않았다. 또한 턱 아래로 늘어진 가장자리는 목젖을 향한 일격을 막기 위함이다.

가장 눈길을 끄는 것은 투구 장식의 앞부분에 달려 있는 그리프스 조각상이다. 헬크라네움에서 발견된 어인 검투사(무르밀로)의 퍼레이드용 투구에는 투구 장식 양옆에 작은 고리가 죽 달려 있다. 그곳에 타조 등 진귀한 새의 세밀한 깃털 장식(크리스타, crista)을 넣어 목제 받침에 가죽끈으로 고정했다. 어인 검투사와 트라키아 검투사의 조각상에는 모두가 이 깃털 장식이 묘사되어 있다. 좀 더 작은 깃털은 당시 군용 투구와 비슷한 형태로 하나씩 귀 위의 통에 넣었다.

융켈만 박사가 폼페이의 출토품을 본떠 두드려 만든 양각 무늬가 들어간 투구 복원 실험을 실행한 결과, 그것이 충격에도 크게 함몰되는 일 없이 버틸 수 있을 정도의 강도가 있었음이 밝혀졌다. 투구의 무게는 3.3kg부터 6.8kg으로 두께의 평균치는 1.5mm이다. 군단병의 투구는 약 2kg이었다. 비교해봤을 때 검투사 투구 쪽이 더 무거운 이유는, 융켈만 박사의 연구에 의하면 투기는 10분에서 15분이면 끝나는 것에 비해 군단병은 하루 종일 투구를 쓰고 있어야만 했기 때문인 것으로 추정된다.

시합장이나 무대의 오락을 보기 위해 모인 관객층은 비슷했다. 폼페이처럼 커다란 마을에서는 배우나 검투사에게 향하는 정열을 낙서로 나타내는 것은 흔한 일이었다. 여기에는 방패와 드물게도 삼지창으로 무장한 검투사가 그려져 있다. (저자 촬영)

The myrmillo
어인 검투사

어인 검투사(무르밀로)의 장비는 트라키아 검투사(트락스)의 그것과 큰 차이가 없다. 명백한 차이는 투구의 디자인이다. 즉, 어인 검투사의 투구 장식에는 트라키아 검투사의 약간 절제된 투구 장식 대신 거대한 등지느러미가 달려 있었다. 이 검투사는 해수어(모르미로스, mormylos)의 모습을 본떴다.

종류가 확실하지 않은 검투사 둘이 마주 보고 싸우는 낙서. 폼페이의 극장 건물에 있다(95페이지 사진이 오리지널). (저자가 그린 일러스트)

　폼페이와 헬크라네움에서 출토된 어인 검투사의 투구는 전부 같은 테마에 따라 만들어졌으며, 구조는 트라키아 검투사의 그것과 비슷하다. 그런데 베를린에서 발견된 어인 검투사의 호화로운 투구는 그 희귀한 디자인도 그렇고, 멋진 장식과 완성도도 그렇고 어딜 봐도 특이하다. 청동을 연마한 표면을 엄청난 숫자의 금과 은 체크무늬가 뒤덮은 그 투구는, 만들어진 당시에는 호화로웠을 것이 분명하다. 시합장에서 햇빛을 받는 모습이 번쩍번쩍 빛나는 물고기의 비늘과 비슷하게 보였을 것이다. 이 방어구 세트 중에는 마찬가지로 체크무늬가 더해지기만 하고 양각 무늬는 없는, 깔끔하게 마무리된 정강이 보호대가 있다.

　폼페이에는 대극장에 들어가는 통로에 화산이 분화하기 이전의 흥미로운 낙서가 잔뜩 새겨져 있다. 거기에 그려진 검투사들은 지금도 식별할 수 있으며, 2,000년 가까이 전에 이 낙서를 남긴 검투사 팬들의 열의를 마치 칭송하는 것만 같다.

현대인의 낙서와 뒤섞여 두 사람의 검투사를 확신히 알아볼 수 있다. 한 명은 어인 검투사지만 드물게도 삼지창을 주 무기로 삼았다. 대전 상대는 검과 작은 방패를 들었다. 이 단순하고 늘씬한 그림은 검투사들의 매력과, 멀리서 바라본다 해도 시합장 안에서 주목을 받을 수밖에 없었던 특징을 남김없이 전달하고 있다.

The retiarius
투망 검투사

삼지창은 보통 투망 검투사(레티아리우스) 특유의 무기였다. 투망 검투사들은 모두가 씩씩한 젊은이들로, 40대까지 싸웠던 예가 있긴 하지만 평균 연령은 18세부터 25세였다. 최소한의 방어구를 두른 그들은 길이 1.6m의 파스키나(fascina)라 불리는 삼지창, 혹은 작살, 그리고 약간 작은 단검(푸기오, pugio)을 다뤘다. 투망 검투사는 대전 상대를 포획하거나 채찍질하기 위한 직경 3m의 그물(레테, rete)을 지니고 있었다. 무게는 현재의 투망과 비슷한 정도로, 충분히 힘을 담아서 때리면 상대의 눈을 뭉갤 수도 있었다. 그물 주위에는 로프가 둘러쳐져 있으며, 양쪽 끝은 투망 검투사의 손목에 연결되어 있었다. 잘못 던졌을 때는 그물을 확 다시 끌어당겼다. 상대가 그물을 잡고 당겨서 투망 검투사의 밸런스가 무너지려 한다면, 단검으

청동제 투망 검투사. 짧은 삼지창은 이미 잃어버리고 말았지만, 이 작은 투망 검투사의 입상은 팔 방어구, 갈레루스의 사이즈와 그 목적을 가르쳐준다. (대영박물관, 런던)

로 그물을 잘라내고 도망칠 작정이었다. 하지만 그물이 없으면 아무리 양손으로 든 삼지창이 효과적인 무기라 해도, 투망 검투사는 아마도 패배하거나, 자칫하면 목숨을 잃는 운명이었을 것이다.

그의 유일한 방어구는 여기저기에 덧댄 충전물을 채운 천과, 중세의 그랜드 가드[주7]와 비슷하다고도 할 수 있는 청동제 어깨 방어구(갈레루스, galerus)뿐이다. 사용 목적은 동일하며, 오른팔로 베어 들어오는 상대로부터 머리와 얼굴 왼쪽을 보호하기 위함이다. 바깥쪽을 향해 삐져나와 있는데, 팔을 올렸을 때 머리의 자유로운 움직임을 방해하지 않을 정도로 되어 있다. 폼페이에서

주7) 중세 토너먼트 경기에 쓰인 좌상반신을 뒤덮는 판금 보강 방어구. 마상 창 시합에서는 창을 오른쪽에 들고 대전 상대의 왼손을 보면서 달려갔다. 그렇기 때문에 몸의 왼쪽이 상대의 창을 받게 되므로, 좌반신의 갑주를 보강하는 방어구가 고안되어 쓰였다.

는 상태가 좋은 갈레루스가 3개 출토되었다. 전부 청동제로, 헤르쿨레스(그리스 신화의 영웅 헤라클레스)의 얼굴, 배의 닻, 그리고 게 무늬가 양각으로 묘사되어 있다.

투망 검투사가 싸움에 승리하고, 운이 따르지 않은 상대가 관객들의 요구에 따라 처형당하게 되었을 경우, 그는 단검(푸기오)을 사용해 패자의 목젖을 단숨에 베거나, 찔러 죽이거나 했다. 예리한 삼지창은 이 목적에는 적합하지 않았다. 나폴리 고고학 박물관에 소장된 상아 손잡이와 강철 칼날을 지닌 단검은 검투사의 무기도 단순히 '군용' 품질에 멈추지 않고 장식되었다는 것을 말해준다.

추격 검투사

콜체스터의 항아리에는 투망 검투사(레티아리우스, 이름은 발렌티누스)와 추격 검투사(세쿠토르, 이름은 멤논)가 그려져 있다. 추격 검투사는 팔 방어구(마니카)를 착용하고 있는 것처럼 보이지만, 그린 사람은 퀼트 방호 소매를 그리려 했던 건지도 모른다. 추격 검투사의 방패는 짧은 장방형이다. 뺨 보호대가 달린 투구를 쓰고, 직경이 겨우 35mm인 시야 구멍으로 보이는 극단적으로 좁혀진 시야 속에서 전통적인 보병의 도검인 글라디우스를 손에 들고 싸웠다. 아마도 왼쪽 다리에 짧은 정강이 보호대를 착용하고, 오른쪽 다리는 그대로 드러난 맨발이었을 것이다. 융켈만 박사의 복원에 의하면 이 투구는 높은 보호 성능을 지녔지만, 소리와 시야는 극단적으로 제한되었다.

그 외의 검투사

　제국의 서쪽에서는 상기한 네 종류의 검투사가 일반적이었으나, 쇼의 내용에 따라서는 특수한 투사들을 보는 것도 드문 일은 아니었다. 이러한 검투사들 중에는 대전 상대만이 아니라 관객들에게도 위협이 되는 자들이 있었을 것이다.

　예를 들어 사수 검투사(사기타리우스, saggittarius)는 사거리가 엄청나게 긴 반사궁(시위를 당기기 전에는 사격 방향으로 휘어진 형태를 한 활)으로 무장하고 있었다. 그들은 서로 시합장을 뚫고 나갈 것 같은 화살을 쐈는데, 빗나간 화살이 닿는 범위 내에는 반드시 관객이 있었을 것이다.

　전차 검투사(에세다리우스, essedarius)는 브리타니아식 켈트 전차(에세디움, essedium)를 타고 싸웠다. 최소한 전차 검투사 중 여성 투사가 한 명은 있었을 것이다. 왜냐하면 시인 마르티알리스[주8)]가 그 존재에 대해 다루었기 때문이다. 전차 검투사가 맹수를 상대로 싸웠을 가능성도 있다. 아우구스타 트레베로룸(현 독일의 트리어)의 모자이크화에는 표범이 전차와 전차 기수를 쫓아가는 모습이 그려져 있다.

주8)　로마의 시인. 40년경~104년경.

현 튀르키예 스미르나의 부조에는 커다랗게 부푼 투구와
흉갑판을 장착한 도전 검투사가 그려져 있다. 이 시합에 승
리해서 얻은 월계관에 주목해주었으면 한다. (저자가 그린 일
러스트)

구워서 만든 휘드라울리스(수압 오르간)를 연주하는 사람의 복제. 훌륭한 악기이다. 큰 소리는 나지 않지만, 시합 중 혹은 시합과 시합 사이에 반주되었다. 런던 대영박물관의 오리지널에는 오르간을 치는 사람(현재는 머리가 없다)이 작은 휴대용 악기를 연주하고 있다. 정면의 문이 닫힌 후에도 음악가들은 시합장의 벽에 있는 문으로 출입할 수 있었다. (저자 촬영)

중장 검투사(호플로마쿠스)는 방어구가 완전히 똑같기 때문에 트라키아 검투사(트락스)라 착각하기 쉽지만, 청동제 둥근 방패와 주요 무기로 사용하는 긴 창으로 그들을 식별할 수 있다. 중장 검투사를 그린 것들을 보면, 작은 방패의 불리함을 보충하기 위해 다리 상부에 두꺼운 퀼트 방어구를 착용했다.

도전 검투사(프로워카토르)는 중량급 검투사로 간주되었다. 방패는 매우 컸고, 글라디우스 검을 들었다. 그리고 가슴의 위쪽 반을 뒤덮는 흉갑판(카디오필락스, cardiophylax)을 등쪽으로 돌린 가죽끈으로 고정했다. 20년부터 50년경 폼페이의 부조화에는 승리한 검투사 중 한 명이 이 형태의 흉갑을 착용했다. 제국 초기의 도전 검투사의 투구는 오히려 추격 검투사

(세쿠토르)의 그것과 비슷했는데, 이후에 굉장히 다른 디자인을 받아들이게 되어 스미르나의 묘에서 출토된 것과 비슷하게 짧고 둥근 모양이 되었다.

그 외에도 양성소(루두스, Ludus)에서 투사들과 뒤섞여 싸움을 막 시작한 '투사'들이 있다. 이 전좌 검투사(파이그니아리우스, paegniarius)는 관객들의 분위기를 띄우기 위한 개막 출연용으로만 쓰였다.

그들은 목제 검(루디스, rudis)을 들고 싸웠으며, 구타로부터 몸을 지키기 위해 몸을 빙빙 말아두고 있었다. 머리에는 충전물을 채운 방어구를 쓰고 있었을지도 모르지만, 폼페이의 부조는 손상되어 있어서 확실하게 알 수 없다. 전좌 검투사가 싸우는 동안에는 심벌즈, 나팔, 그리고 장대한 수압 오르간(휘드라울리스, hydraulis, 수압을 이용해 공기를 보내는 파이프 오르간) 등으로 음악이 연주되었다. 수압 오르간은 로마 제국이 시작된 이후 수많은 조각과 모자이크화에 그려져 있으며, 그중 하나는 대영박물관에 소장되어 있다.

콤모두스 황제가 주최한 콜로세움 투기회에서 전좌 검투사는 큰 인기를 모았다. 디오 카시우스[9]는 앞으로 전개될 현란하고 호화로운 스펙터클과 의상에 대해 관객의 기대감이 점점 더 고조되도록 하기 위해 황제가 전좌를 준비했다는 기록을 남겼다. 황제는 로마의 마을에서 다리를 잃은 사람들을 남김없이 모아서 다리 끝부분에 뱀 꼬리 의상을 입혔고, 헤르쿨레스가 괴물을 퇴치할 때처럼 곤봉으로 그들을 때려죽이게 했다.

주9) 디온 카시오스. 로마의 역사가. 150년경~235년경. 저작물인 『로마사』는 사료로서 높은 평가를 받았다.

무대 뒤와 투기장의 설비

　전좌 검투사는 죽을 때까지 싸울 리도 없었고, 고위 검투사(프리무스 팔루스)가 시합장에서 죽는 일이 있었다고는 해도 죽는 것은 거의 다가 신인 검투사(티로네)였다. 사체는 일반적으로 생각하는 것처럼 갈고리를 걸어서 치운 것이 아니라, 손수레에 실어 운반했다. 트리폴리의 고고학 박물관에 있는 모자이크화에는 사상자를 옮기기 위한 것으로 보이는 손수레가 그려져 있는데, 현대의 병원에 있는 바퀴가 달린 침대와 굉장히 비슷한 것처럼 보인다. 아마도 부상한 검투사를 그냥 운반하기만 하는 것이 아니라, 처치하기 쉬운 높이로 의사가 치료할 수 있도록 만든 것이 아닐까.

　스펙터클의 무대 뒤에는 항상 수많은 일꾼들이 있었다. 튜

극장의 통로. 폼페이의 관객은 벽 너머의 좌석으로 안내될 때까지 여기서 기다렸다. 이런 벽에는 로마의 군선, 검투사, 군마 등 당시 낙서들의 훌륭한 컬렉션이 남아 있다. (저자 촬영)

바(tuba, 곧은 나팔)가 울려 퍼지면 검투사들이 투기장의 어두운 출입구 통로(카르케르, carcer)에서 모습을 드러낸다. 장면 전환 요원인 사체 담당(리비티나리우스, libitinarius)이 하는 일은 사체를 운반하는 것으로, 영계로 인도하는 신인 헤르메스(메르크리우스)로 분장했다. 그들이 하는 일은 그것만이 아니다. 달군 철 몽둥이를 휴대해 쓰러진 검투사가 죽은 척을 하는 건 아닌지 피부를 지져서 확인하는 것이다. 아직 숨이 붙어 있다면 헤르메스는 거기서 다른 담당자, 삼도천을 지키는 카론에게 뒷일을 맡긴다. 기독교 저술가인 테르툴리아누스에 의하면, 이 명계를 흐르는 스틱스강(삼도천)의 파수꾼은 검은 망토에 검은 부츠, 그리고 에트루리아 신화에 나오는 사자 코를 한 사신을 본뜬 가면을 쓰고 있었다고 한다. 카론은 죽은 척을 한 검투사를 작은 망치와 곤봉으로 절명할 때까지 때렸다. 관객이 바라는 죽음에서 벗어날 수는 없다. 검투사의 목젖은 단숨에 베어지고, 검투사가 착용했던 장비는 그것들을 벗겨내는 곳(스폴리아리움, spoliarium)으로 운반되었다. 시합장에서 벌어진 집단전에서 죽은 범죄자는 끌려 나와 잘게 잘려 맹수의 먹이가 되었다.

Weapons and shields
무기와 방패

트라키아 검투사(트락스) 다나오스는 깃털 장식과 방어구를 장착하고, 그다음에는 트레이드마크인 무기를 손에 쥘 뿐이다. 초승달 모양 비슷하게 칼날이 휘어진 소도(小刀) 시카(sica)는 주먹을 쥘 수 있는 조개껍데기 모양의 날밑이 달린 형태로 그려지는 경우도 있다. 다양한 종류의 조각과 모자이크화에 등장하는데, 칼날 형태는 휘어진 상태에 따라 도나우형과 에트루리아형이라 불린다. 스위스의 아우구스트에 있는 로마 박물관에는 휘어진 철제 칼날이 달린 훌륭한 무기가 보관되어 있으며, 그것은 투기용이었던 것으로 여겨진다.

시카와 글라디우스(곧은 소검)는 모두 다 한창 싸우는 도중에 떨어뜨려도 금방 다시 되찾을 수 있도록 투사의 손목에 묶어두었다. 로마 국립박물관의 대리석 부조에는 엮은 끈이 각 투사의 손목에 감겨 있고, 그 끝부분이 검의 자루 끝에 묶여 있다.

대전 상대의 공격을 피하기 위해, 트라키아 검투사는 파르마(parma) 또는 파르물라(parmula)라 불리는 작은 원형 방패를 사용했다. 이러한 작은 나무 방패는 너무 무겁지도 않고 충분히 상반신을 지킬 수 있었다. 폼페이에서 출토된 둥근 청동 방패는 트라키아 검투사와 굉장히 비슷한 중장 검투사(호플로마쿠스)의 것이라 판명되었다. 발굴된 방패 중에는 메두사(고르곤 세 자매 중 하나)

철 칼날이 달린 무기는 트라키아 검투사의 시카의 일종으로 여겨진다. 측정막대의 길이는 10cm. (저자가 그린 일러스트)

의 머리를 본뜬 은 순심 (표면 중앙의 돌기를 말함)이 달린 것도 있다. 직경은 370mm, 무게가 1.6kg 인 그 방패는 거의 틀림 없이 장식용으로 만들어 졌을 것이다. 실전용 청 동 방패는 모자이크화 나 회화에 폭넓게 그려 져 있다. 런던의 대영박 물관에는 둘레에 양각과 조각 무늬가 달린 중장 검투사의 아름다운 청동 방패가 소장되어 있다. 어인 검투사 (무르밀로)가 사용하던 방패는 트라키

2세기의 부조 복제에는 방패 뒤에 몸을 숨긴 검투사가 묘사되어 있다. 트라키아 검투사는 작은 사각형 스쿠툼 방패를 유효하게 사용하고 있다. (저자 촬영. 복제는 개인의 소장품)

아 검투사의 그것보다도 컸고, 로마 군단의 긴 방패 스쿠툼(scutum) 에 가까운 것이었다. 다키아 원정의 성공을 기념하며 만들어진 트라야누스 개선 기둥에는 군단병이 특대 방패 스쿠타(scuta)를 사용하는 모습은 묘사되어 있지 않다. 고고학적 발굴 조사로 출토된 제국 군단의 방패 중에는 때로는 큰 것도 있었지만, 기념 기둥이나 검투사를 묘사한 작품에 그려져 있는 방패는 예외 없이 작은 편이다. 이집트의 카스르 엘 하리트에서 발견된 거대한 방패는 시합장에서

중장 검투사의 청동제 방패. 시합장에서는 단순하게 장식한 이 오목한 모양의 원
판은 검사와 싸울 때 상응하는 방어를 수행해냈다. (대영박물관, 런던)

사용되었다면 유효한 방어구였을 테지만, 관객 쪽에서 피를 보고
싶어 했다면 검투사의 방패는 그저 단순히 장식으로 준비된 것에
불과했을지도 모른다. 커다란 스쿠툼 방패를 꿰뚫는 것은 쉬운 일
이 아니었고, 시합장에서 사용했다면 그 시합은 질질 오래 끌거나
생기가 부족해졌을 것이다. 하지만 만약 관통이 불가능한 큰 방패
가 실제로 쓰였다고 한다면, 율리우스 카이사르가 투기 쇼가 따분
해서 읽다 만 책을 다시 읽기 시작했다(!)는 말에도 고개를 끄덕이

게 될지도 모른다. 마르쿠스 아우렐리우스 황제조차 투기회에 이의를 제기할 생각은 없지만 실제로 시합이 너무 길었다고 했다.

　니무 방패는 세로로 긴 얇은 판자로 만들어졌다. 얇은 판자를 여러 겹 붙이면 타격에 버티는 강도를 얻을 수 있었다. 유럽과 중동의 발굴 현장에서 출토된 방패 중에는 표면의 마무리 채색을 하기 전에 재봉한 삼베나 가죽으로 덮어둔 것도 있다. 검투사의 방패 구조가 그러한 출토품과는 달랐으리라 추측할 이유는 없다. 독일 마인츠의 군사 유적에서 발견한 것 같은 철제 방패의 중심부는 검투사의 장비를 복원하는 현대의 무구 제작자들도 모방하고 있다. 나폴리의 고고학 박물관에 있는 두 사람의 검투사를 그린 대리석 부조에서는, 투기용 방패의 손잡이가 주먹이 들어갈 수 있도록 구멍을 뚫은 방패 중심부 안쪽에 수평으로 걸쳐 있는 모습을 확실하게 볼 수 있다.

Gladiator Psychology
검투사의 심리

　검투사들은 끊임없이 죽음과 등을 마주하고 있다는 것을 자각하고 있었다. 폼페이에 있던 숙사에는 최하급 검투사의 방부터 우수한 검투사의 까마득하게 좋은 숙사에 이르기까지, 벽에 뚫린 구멍에 각각 믿는 신을 모시고 있었다. 헤르쿨레스는 군신 마르스나 사냥의 여신 디아나와 함께 인기가 높았다. 웨일스주 카리온의 시합장에서 발견된 주문판에서는 부정 시합을 꾀하는 흥미로운 이야기를 읽을 수 있다. 이것을 쓴 검투사는 대전 상대 검투사의 의복을 훔치고, 여신 네메시스(복수의 여신)에게 힘을 빌려주기를 바랐다.

　'네메시스님, 망토와 부츠를 바칩니다. 살아 있는 피와 바꾸기 전에는 주인인 남자가 다시 되찾지 못하게 해주십시오!'

　시합장에서의 인생이 짧고 잔혹하다지만, 숙사에서의 인생도 큰 차이는 없었다. 흥행사(라니스타)와 훈련사(독토르)들은 숙사에서 검투사를 상대로 엄격한 관리체제를 강요함으로써 시합장에서의 투쟁심을 불러일으키고자 했다.

　간수는 끊임없이 자살을 경계했다. 장래를 직시할 수 없었던 검투사들의 비극은 하나하나 다 말할 수가 없다. 어떤 게르만인 검투사는 현재의 화장지에 해당하는 고대 스폰지를 억지로 목구멍에

쑤셔 넣어 질식사했다. 유복한 이교도 정치가 심마쿠스는 투기회를 열고 (특이한 취향에 기뻐한 관객에게서) 선거의 표를 너무 모으고 싶었던 나머지, 사들인 29명의 비운의 검투사들에게 싸우지 말고 시합장에서는 서로 목을 조르라고 전달했다. 최후에 남은 검투사는 절명할 때까지 스스로의 머리를 벽에 부딪쳤다.

가혹한 생활임에도 불구하고 검투사 사이에는 격렬한 전사혼이 싹트고 있었다. 예를 들어 사회의 최하층 또는 그보다 더 아래에 위치했음에도 어떤 젊은 어인 검투사는 티베리우스 황제가 지출을 줄이기 위해 투기회 수를 삭감했을 때는 격렬하게 불복을 주장했다. 고전 작가 세네카가 기록하기로는, 그 검투사는 '내 시간이 쓸데없이 낭비되고 있다'고 했다고 한다.

다른 검투사들 또한 숙사에서 가만히 있기보다는 싸우고 싶다고 바랐다. 그렇다고는 해도, 검투사들은 그들 사이에 존재했던 서열을 중시했으며, 수준이 낮은 자와 싸우기보다는 동등한 검투사와 대전하기를 바랐다.

검투사에게 싸움이 가져다주는 기쁨은 그에 수반되는 위험보다 큰 것이었다. 시합 후에 관객석에 접시를 돌리고, 시합을 만끽한 관객이 지갑을 얹어주는 것이 관습이 되어 있었다. 튀니지의 스미라트에 있는 3세기의 모자이크화에는 지갑이 4개 얹어진 접시가 마게리우스라는 이름의 주최자의 손으로 검투사에게 증정되고 있다. 신분이라는 것이 물질적인 부만이 아니라, 자유냐 노예의 몸이냐에 따라 드러나는 시대에서는 이러한 상금이 가져오는 가능성도 한정된 것이었다.

최고급 검투사 중에는 관객에게서 상금을 듬뿍 받는 극단적인 예도 있다. 스피쿠르스라 불린 어인 검투사에게 너무나도 감복한 네로 황제는 그에게 원정에서 승리하고 복귀한 장군들에게 주는 것과 같은 규모의 저택과 토지를 내렸다. 투기회 상금은 177년에 2,000 세스테르티우스(고대 로마의 놋쇠화폐)까지로 제한되어 있었으나, 그 후 어떤 시합 끝에 모인 금액은 5만 세스테르티우스까지 올라갔다.

자유민에게 이런 훌륭한 선물은 지위와 융성을 의미했다. 양성소가 소유한 검투사에게도 상금은 극히 중요했다. 5년 계약에 얽매인 몸이라 해도, 그것은 고통에서 빠져나가기 위한 티켓이었다. 교섭의 수단으로 사용하면 고액의 상금으로 자유로 가는 길을 손에 넣는 것도 가능했다.

투기의 모습이 그려져 있는 1세기 초기의 유리잔. 이 큰 잔은 특히 진귀한 것으로, 다양한 포즈가 그려져 있다. 다음 페이지는 반대면. (영국 콜체스터에 있는 콜체스터 캐슬 뮤지엄)

루디스

    대부분의 검투사들에게는 살아서 바깥 세계로 나가는 현실적인 방법이 딱 하나 있었다. 시합장에서 충분한 용기와 기술을 보여주었다고 인정받은 검투사에게는 자유의 상징으로 목제 검 루디스가 수여되었다. 그들은 이 루디스를 쟁취하겠다는 일념으로 싸웠던 것이다. 살아남을 기회가 극히 적다는 사실도, 손에 넣을 수 있을지도 모르는 자유로운 인생에 대한 기대로 메울 수 있었다. 실제로 자유까지 가지는 못하더라도, 검투사는 숭배자(아마토레)들에게 둘러싸여 용명을 떨치는 경우도 있었다. 명성과 시합장에서의 자신감은 루디스를 수여받은 후에도 수많은 검투사들을 옛집으로 돌아오

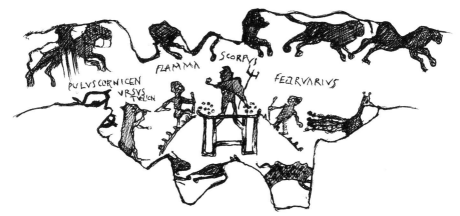

동시에 두 사람의 검투사를 상대하는 시합. 시합장 아래에는 야생 곰도 보인다. 투망 검투사 스코르푸스는 추격 검투사 프란마와 페브루아리우스를 쓰러뜨리려 한다. 시리아인인 프란마는 네 번이나 자유를 획득했음에도 그때마다 많은 수입을 얻을 수 있는 옛집으로 돌아갔다. (저자가 그린 일러스트)

게 했다.

　시리아의 투사 프란마는 목제 검을 네 번이나 수여받았는데, 그때마다 계약을 거듭했다. 자유민이 된 그에게는 계속 싸울 것인지, 훈련사(독토르)로서 젊은 훈련생을 지도할 것인지, 아니면 그 양쪽을 다할 것인지를 고를 수 있는 선택지가 있었다. 프란마는 마지막을 선택했고, 30세에 은퇴할 때까지 살아남았다. 그의 경력에는 25회의 승리, 4회의 구명(미수스, missus. 그는 패했지만 목숨은 건졌다), 그리고 9회의 무승부 시합(스탠스 미수스, stans missus. 양쪽 모두 승자로 인정되었다)이 있다. 17세에 싸우기 시작했다고 치면, 생사가 걸린 시합을 4개월에 한 번꼴로 했다는 것이 된다. 물론 한 달에 한 번 이상 싸운 적이 있을지도 모른다. 그의 가족은 묘비에 화려한 승리 기록을 새겼다.

바토라는 이름의 검투사는 어떤 시합에서 승리했으나, 놀랍게도 그를 거들떠보지도 않고 바로 다음 대전 상대가 소개되었다. 그는 목숨을 걸고 싸워 또다시 승리를 거머쥐었다. 카라칼라 황제(재위 211~217년)는 이 이상한 긴장감에 기뻐했고, 계속해서 세 번째 대전 상대를 호출했다. 이번 상대는 당연하게도 이제는 지칠 대로 지친 바토를 압도해 살해했다. 하지만 바토에게는 성대한 장례식이 치러졌다.

모든 검투사가 인기를 모았던 것은 아니다. 검투사는 죽어도 멸시를 받았다. 사시나(이탈리아 중부의 마을)에 생긴 새로운 묘지에는 세 종류의 유해가 묻혔다. 목을 매단 자, 부도덕한 직업을 가졌던 자, 그리고 검투사였다.

시합장에 스스로 발을 들이고, 죽음과 맞선다는 검투사의 순수한 결의는 할리카르나소스의 디오니시우스(기원전 1세기의 역사가)의 마음을 울렸다. 동료가 쓰러지고, 사체가 실려 나가고, 혈흔을 숨기기 위해 모래가 보충되는 것을 눈앞에서 보면서도 회피하지 않고 싸움에 나서는 검투사들의 용기에 경탄했다. 특히 관중을 감탄시켰던 것은, 같은 양성소의 검투사와 싸우는 그들의 정신이었다. 바로 몇 시간 전까지 식당에서 같이 식사를 했던 동료를 죽이게 만들지도 모르는데도 그들은 싸웠던 것이다. 현대의 관객의 눈으로 보자면, 검투사가 다른 양성소의 상대와 싸우는 편이 적이 알 수 없는 상대이기에 좀 더 납득이 갈 것이다. 하지만 실제로는 그렇지 않았다.

검투사들은 죽음에 이르는 상처를 입거나 공격을 받아도 소리를 내지 말라고 배웠다. 가끔은 보통 뽑기로 정해지는 조합(콤포지토,

composito)에서 페어(2인1조)가 되어 같은 양성소의 훈련생 동료를 상대할 때도 있었다. 이 페어는 대전 상대와 함께 훈련을 받았고, 나란히 자고 있었을지도 모른다. 그런데도 그 상대를 죽이는 것을 강요당한다.

이럴 때는 바이저(면판)가 달린, 디자인이 위협적이고 눈길을 끄는 투구가 그 남자의 인상을 지웠다. 검이 죽이는 것은 식당에 함께 모였던 동료가 아니라, 얼굴 따윈 없는 물고기 같은 생물인 어인 검투사다. 검투사가 상대를 죽일 때도 패자는 투구를 벗지 않는다(투망 검투사는 예외지만). 운이 나쁘게도 패한 검투사는 '철검을 달게 받아들이기(페룸 레키페레, ferrum recipere)' 위해 그저 무릎을 꿇을 뿐이다. 때로는 자신을 죽인 상대의 다리를 팔로 끌어안으면서(컬러 플레이트 F 참조).

시합장의 모래를 밟기 전의 검투사들을 한번 보고 싶어서 안달이 난 관객은 죽음이 그리 머지않은 곳에서 닥쳐오는 남자들의 행동을 흥미진진하게 바라보았다. 시합 전날, 투기회 주최자는 투사들에게 성대한 만찬(케나 리베라, cena libera)을 준비한다. 다음 날 관객 중에서도 투기회를 하나부터 열까지 모두 지켜보고 싶은 열광적인 팬들은 이 테이블 주변을 돌면서 다음 날 아침에 싸우게 된 검투사들을 바라보고, 이 진수성찬을 구경할 수 있었다. 한편 검투사들은 스스로의 운명을 맡기게 될지도 모르는 관객들을 보면서 관음증 같은 기쁨을 느꼈다. 그중에서 몇 명, 특히 트라키아인과 켈트인들은 탐욕스럽게 진수성찬을 해치웠다. 그리스인은 그 자리를 이용해 친구 등에게 작별을 고했고, 다음 날 아침이 너무 두려운 나머지 음식이 목을 넘어가지 않았다. 플루타르코스는 그것을 '비탄에 잠기다'라고 표현했다. 다른 검투사들은 마음이 흔들리는 일 없이, 다음 날 시합에서 이길 찬스가 높아지리라 믿으며 신중하게 식사를 했다.

만약 검투사가 운 나쁘게도 시합에서 패배한다 해도, 반드시 처형되는 것은 아니다(할리우드가 묘사한, 엄지손가락을 아래로 내리는 동작은 명백히 현대를 살아가는 영화감독이 영상 효과를 노리고 만들어낸 것이다). 승리한 자(윙키트, vincit)는 종려나무 가지(팔마, palma)를 받았으며, 특히 탁월한 승자에게는 월계관(코로나, corona)이 주어졌다. 시합의

집게손가락을 세워 자비를 구걸하는 트라키아 검투사를 본뜬 청동제 피니얼(지붕, 담 등의 꼭대기 장식)은 시합장에서의 죽음을 가장 특징적으로 포착한 것 중 하나다. 투구의 화려한 깃털 장식에 주목해주었으면 한다. (대영박물관, 런던)

진가를 이해한 관객은 패자의 목숨을 살려주는 경우도 있었다. 수많은 검투사에게 구명(미수스)의 기록이 있다. 카르코피노는 시합이 끝날 때까지 어느 쪽도 쓰러지지 않고 마주 선 두 검투사는 무승부 시합(스탠스 미수스)이 선고되었다고 기록했다.

투사의 목숨을 순식간에 빼앗는 그런 공격보다도, 상대의 전력을 빼앗아 무릎 꿇게 하는 그런 공격이 더 일반적이었다. 검투사가 왼손 엄지손가락을 내밀어 항복을 표현하면, 그의 운명은 관객에게 맡겨졌다. 냉혹한 처형 순간을 그린 부조나 모자이크화에는 때로 패자가 로마인의 눈에는 여성스럽게 보였을, 무릎을 모은 자세로 그려져 있는 경우도 있다. 이것은 특히 매력적이고 씩씩한 검투사에 대해, 질투에 사로잡힌 남성 구경꾼이 빈번하게 시켰던 굴욕이었다. 저술가 유베날리스는 연약한 여성스러움에 관해서는 투망 검투사가 최악이라고 했다. 동료 검투사들조차 양성소에서 그들을 최하층보다 더 밑으로 보았다. 최고급 검투사들은 투기회용 이름을 선택할 수 있었는데, 젊고 매력적인 투망 검투사는 그 아름다움과 로맨스를 위해 누구나 아는 나르키소스(나르시스)나 쿠피도 같은 사랑을 표현하는 신화 속 인물 이름에서 따왔다는 것이 그 이유 중 하나다. 향유를 바른 근육질 몸이 내뿜는 성적 매력은 여성 관객들의 마음을 크게 사로잡았으나, 유베날리스에게 특히 그 이름을 그라쿠스라 지었던 투망 검투사의 경우는 경멸의 대상조차 되지 못했다.

'그는 싸운다. 하지만 검투사의 실력으로 싸우는 것이 아니다. 단검도 방패도 없다(그는 이런 무기를 혐오했다). 그가 던지

이 작은 뼛조각에는 모델라투스라는 이름의 검투사가 루케이오스라는 인물에게서 해방된 날짜가 새겨져 있다. (대영박물관, 런던)

는 것은 그물이다. 그리고 물론 빗나가버리고, 우리들은 관객석을 올려다보는 그를 본다. 그리고 그는 목숨을 걸고 시합장 안을 뛰어다닌다. 누구의 눈에도 일목요연. 옷의 금색 끈이나 술 장식을 보라. 그리고 저 계집애같이 화려한 팔 방어구를!'

싸우다 죽은 검투사는 사회의 담 밖에 있었기에, 가족이나 친구나 숭배자들이 유해를 수습하지 않으면 제대로 된 장례가 치러지지 않았다. 검투사단을 이끄는 흥행사는 때에 따라서는 죽은 검투사의 묘에 돈을 던질 때도 있었지만, 그것은 반드시라고 해도 좋을 정도로 이름을 알리기 위해서였다. 이렇게 되니 죽은 후에도 자신을 기억해주는 것은 함께 살아가고 싸웠던 동지뿐이라는 것을 검투사 자신이 알고 있었다.

The Gladiator in Combat
싸우는 검투사

'저희 죽어가는 자들이 삼가 황제 폐하께 경의를 바칩니다!
(Ave Caesar, morituri re salutamus!)'

할리우드 덕분에 투기회는 대체로 이런 식으로 시작하는 것이라 생각하게 될 것 같은데, 모든 시합이 투사에게 죽음을 가져오는 것은 아니다. 훈련과 준비에 막대한 비용을 투자한 최고급 검투사를 관객의 변덕 따위로 '개죽음'당하게 했다고는 생각하기 어렵다. 하지만 기민한 훈련생의 손에 노련한 검투사가 다치는 것도 우리가 아는 바이다. 폼페이인이 새긴 낙서 중에는 베테랑 트라키아 검투사(트락스) 히랄루스와 이제 막 훈련을 받은 어인 검투사(무르밀로) 마티리우스의 싸움을 그린 것이 있다. 그 승자는 노련한 검투사가 아니라 젊은 신인 검투사(티로네)였다. 관객은 히랄루스를 살려주었고, 마티리우스는 트라키아 검투사 라에키우스 펠리쿠스와 싸워 다시금 승리했다.

죄인(녹시우스)이 황제에게 경례를 하는 것은 죽음이 빠른 걸음으로 다가오고 있다는 것을 확실하게 알기 때문이다. 쓰고 버리는 그들은 전장을 재현하는 집단전 속에서 반드시 죽어버린다는 것을 알고 있었다. 투기장과 그 운영 조직을 관리하고, 그와 동시에 형벌

폼페이의 낙서에는 훈련생 어인 검투사 마티리우스와 트라키아 검투사 루키우스 라에키우스 펠리쿠스가 그려져 있다. 이 트라키아 검투사는 그때까지 수많은 승리를 거머쥐었으나, 겨우 두 번째 싸움에 나선 신인 검투사에게 완패했다. 하지만 그는 살아남아 그 후에도 계속해서 싸웠다. (저자가 그린 일러스트)

과 처형을 집행하는 사법 제도는 이런 투사를 바치기 위해 감옥을 비웠다. 범죄자들은 말로만 들었던 싸움을 재현하는 일대 스펙터클에 끌려 나갔는데, 때때로 그것은 관객들의 눈을 즐겁게 하기 위해 인공 연못에서 벌어지는 해전이기도 했다. 이미 유명한 해전의 승리를 일반 대중을 위해 재현할 수 있게 되어 있었다.

재현된 해전은 모의 해전(나우마키아, naumachia)이라 불렀다. 최초로 시작한 것은 로마 근교의 마르스 평야[주1]에 특별히 연못을 팠던 율리우스 카이사르였다. 이 인공 연못은 물을 가득 채우면 4,000명의 뱃사람을 태울 수 있는 실물 크기의 군용 갤리선 16척을 띄울

주1) 시민집회나 군대 훈련 등을 실시하던 들판. 공화정 시대는 로마 시외였으나, 서서히 개발되어 로마 시내에 포함되었다.

수 있었다. 승선한 것은 로마의 적 쪽 무기를 든 투사로 분장한 해병 2,000명. 그들은 죽을 때까지 싸우라는 명령을 받았다. 황제 티투스는 그런 투기회가 대인기라는 말을 듣고, 상설 인공 연못을 만들어 쓰고 버릴 죄인들을 구경거리로 삼아서 감옥을 비웠다. 그가 재현한 살라미스 해전[주2]은 시합장에서 벌어지는 그 어떤 투기회도 능가하는 것이었다. 망설임 따윈 주어지지 않았던 죄인과 포로들에 의한 야만스러운 싸움이 펼쳐졌다. 그럼에도 비범한 용기를 보여준 자가 살아남을 기회는 극히 드물지만 있었다.

지금은 널리 알려지게 된 검투사의 경례는 클라우디우스 황제 시대에 처음으로 기록되어 있다. 수에토니우스는 이렇게 기록했다. '불운한 승무원들이 황제의 귀빈석에 다가가 외쳤다. 황제 폐하 만세! 죽어가는 자들이 보내는 인사이옵니다.' 그에 응해 황제는 어리석게도 이렇게 답을 외쳤다. '그리 되지 않을지도 모른다!' 이것을 듣고 황제의 사면이 내려졌다고 받아들인 승무원들은 죽지 않을지도 모른다고 생각하고 배를 분산시키기 시작했다. 관객석은 폭동이 일어날 것처럼 소란스러워졌고, 클라우디우스 황제는 미칠 듯이 분노해 군을 보내 다 죽여버리겠다고 협박했다. 모의 해전에서는 노포(바리스타, barista)와 투사 병기 등을 설치해두는 경우가 자주 있었다. 클라우디우스 황제는 종종 몇천이나 되는 병사를 뗏목에 태워두고 폭동이나 탈주에 대비했다. 투사를 익사시키게 되는 군사적 처치를 억제하고, 그날의 오락이 물거품 속으로 사라지는 것

주2) 페르시아 전쟁 시 그리스 해군이 페르시아 해군을 격파한 해전(기원전 480년). 모의 해전에서는 인기 쇼였다.

을 피한 클라우디우스 황제는 물가에서 간신히 그들을 어르고 달래 싸우게 했다.

시합장에서도 때로는 대규모 투기회가 열리긴 했지만, 모의 해전 정도로 대량의 사상자가 나오는 일도, 막대한 숫자의 관객을 모으는 일도 없었다. 로마의 동쪽 96.5km에 있는 후키누스 호수에서 열린 모의 해전은 50만 명이 관전했다. 이에 비하면 투기장의 관객 수는 매우 적다. 하지만 시합에 쏟아지는 열의는 우세했기에, 관객에게 어떤 종류의 감정을 이끌어내는 스펙터클의 힘을 입증해 보이는 것이 되었다. 59년 폼페이의 원형 투기장에서 폭동이 일어났다. 타키투스는 이렇게 기록했다.

'이때, 누케리아와 폼페이의 주민 사이에서 격렬한 싸움이 시작되었다. 그것은 투기회에서 일어난 사소한 일이 발단이었다. 욕설은 투석을 불렀고 검을 뽑았다. 투기회의 개최지였던 폼페이 주민이 상대를 제압하고 종식되었다. 상처를 입고 팔 다리를 잃은 수많은 사람들은 수도로 옮겨졌다. 황제는 원로원에 사건 조사를 지시했다. 원로원은 조사 보고를 정리했고, 향후 10년간 폼페이시가 이런 집회를 여는 것을 금지했다. 투기회의 제공자와 폭동을 선동한 자는 추방되었다.'

시작할 때까지

　보통 투기회 고지는 회반죽 벽에 대자색(갈색 빛을 띤 오렌지색) 안료로 적혀 있었는데, 그 아래에는 비슷한 고지를 몇백 번씩 겹쳐 썼을 것이 틀림없다. 로마의 회반죽 벽에 존재하는 고지에는 이렇게 적혀 있다.

　　'A. 클로디우스 프라쿠스 제공으로 30팀의 검투사에, 너무 빨리 죽을 경우에는 보결도 추가하며, 날씨가 허락한다면 다가오는 5월 1일, 2일, 3일에 투기회를 개최합니다. 투기에 이어서는 야수 사냥. 이름난 검투사 파리스도 참가. 파리스 만세! 이두관[3]이 목표인 관대한 프라쿠스 만세!'

　그 아래에는 야심을 품은 정치가 프라쿠스의 선전이 이어진다. 이걸 적은 자도 추가해 넣었다. '마르쿠스는 월광 아래에서 이것을 기록한다….'

　이러한 광경은 제국 내에서 수없이 되풀이되고 있었다. 폼페이의 낙서로 뒤덮인 회반죽 벽에는 지금도 루크레티우스 사토리우스 주최에 의한 투기회 광고가 남아 있다.

　현대의 여행자가 폼페이의 좁은 길에 몰려드는 모습은, 사르노

주3)　로마의 독특한 2인 동료제 관직을 말한다. 대표적인 것이 두 명이 뽑히는 집정관으로, 어느 한쪽이 위인 것도 아니고 담당 직무도 없다. 또 교대로 직무를 다했던 것도 아니며, 심지어 서로에게 거부권을 지니고 있었다. 여기서는 지방 도시의 시장을 말한다.

문 근처에 있는 원형 투기장으로 향하는 로마 시대 군중과 비슷할 것이다. 폼페이 원형 투기장의 수용 가능 인원수(로카, loca)는 2만 명으로, 비교적 작은 마을치고는 규모가 크다. 번화한 마을 중심부에서 꽤 멀리 떨어진 장소에서도 벽돌이나 돌에서 고지를 발견할 수 있었으므로, 마을 밖에서도 사람들이 모인 것으로 보인다. 장대한 정문(지금도 발견 당시 그대로, 훌륭한 상태로 남아 있다) 앞에 있는 광장에 도착하면, 거기에는 시장이 들어서 군중은 투기와 관련된 디자인으로 만들어진 램프나 유리 그릇, 도기 등의 토산물 구매를 권유받곤 했다. 약간 어두운 넓은 출입구(워미토리아, vomitoria) 통로는 몇 세기에 걸친 먼지와 오물로 지금은 거무스름해졌지만, 아직 황토색과 검은색으로 채색된 본래의 벽 흔적을 볼 수 있다. 이 앞은 관객석 아래

이 폼페이 낙서에는 종려나무 가지를 든 승자가 그려져 있다. '캄파니아인단'이라 읽는다. '누케리아인단에게 승리한 우리에게, 너희 또한 패배해 떠났다.' 이것은 마을을 둘러싼 벽 안쪽에서 적대하는 두 개의 검투사 팬 그룹의 반목을 노린 것이다. 59년의 폭동을 이용해 다른 지역의 누케리아인과의 싸움만이 아니라, 서로간의 싸움도 해결했다. (저자가 그린 일러스트)

폼페이의 원형 투기장. 투기회 날이 되면 앞쪽 광장에 날이 밝음과 동시에 검투사와 관련된 토산품을 파는 가게가 늘어섰고, 그런 가게를 구경하는 관객들로 광장이 메워졌다. 59년에 그려진 벽화(129페이지 참조)와 실제 사진을 비교해보았으면 한다. (저자 촬영)

를 통과해 더 좁은 통로로 이어진다. 콜로세움에서는 관객이 좌석을 찾기 쉽도록 뼈나 점토로 만든 표(테세라, tessera)가 발행되었다. 표는 투기회 주최자의 의향대로 투기회 몇 주 정도 전에 무료로 나누어주며, 당일은 표를 지닌 사람들을 안내인(로카리우스, 미리 좌석을 확보해두는 사람)이 좌석까지 데리고 갔을 것이다.

관객석인 마이니아나와 카웨아(cavea)는 상류 계급에 속하는 사람들이 원하는 지붕이 달린 자리를 포함해 사회 계층 순서로 설치되어 있었다. 표를 받지 못한 사람들은 그 천한 사회 계급 때문에 비시민 계급(페리그리니, perigrini)과 함께 서서 구경했다. 콜로세움의 최상단에는 최하층(풀라티, pullati)의 입석이 있었다.

마치 오늘날의 스포츠 이벤트처럼, 사회적 지위를 강조하기 위한

최고의 자리에 앉아 있는 모습을 보여주는 것이 중요했다. 유베날리스는 검투사의 사생아인 남자들이 사람들 앞에서 허세를 부리며 상류 계급 손님들에게 좋은 자리에서 비키라고 시비를 걸었던 일을 기록했다.

'1열 자리에서 비켜!'
돈이 없는 자일수록 큰소리를 친다.
'그 자리를 어딘가의 정부의 자식이나, 매춘 여관의 꼬맹이나, 말발이 좋은 경매원 꼬마나, 어딘가의 훈련사가 낳은 망나니, 그것도 아니면 검투사가 아버지인 용모 단정한 젊은이들에게 양보하는 건 어떠냐.'

좌석으로 이어지는 통로(카르케르)에는 창부부터 음식물 상인까지 다양한 종류의 장사꾼들이 모여 있었다. 시합장의 쇼에 질린 관객은 그리로 내려갈 수 있었다. 쇼가 진행되면 관객의 흥분이 높아져 간다. 고전 작가는 관객의 환성을 '바람에 용솟음치는 파도'라고 표현했다.

관객 사이를 누비는 것은 음식물 판매원과 최신 검투사 리스트를 적은 표(타벨라, tabella)를 든 자들이다. 짝으로 싸우는 검투사 리스트가 실린 최후의 프로그램(리벨리우스 무네라리우스, Libellius Munerarius)을 손에 넣자마자 맹렬하게 내기가 시작된다. 오비디우스주4)는 가능성이 보일 것 같은 여성에게 프로그램을 빌리는 건 만남의 계기로 유효하다고 적었는데, 투기장의 좌석은 아우구스투스 황제의 명으로 남녀가 각각 따로 있었다. 앞쪽 열에는 원로원 의원과 병대, 기혼 남성, 학생과 교사가 각각 나뉘어 앉았다. 여성의 자리는 후방의 가장 높은 곳에 있었다.

관객의 머리 위에는 원형 투기장을 감싸는 벽의 정상에 고정한 기둥을 지지대로 삼아, 차양(벨라, vela)이 늘어져 있다. 대부분의 투기장은 이런 차양이 있었을 것으로 추측된다. 투기장을 그린 폼페이 벽화에서 그중 하나를 확실하게 볼 수 있다.

고고학자는 오랫동안 이 차양이 물리적으로 어떻게 지탱된 것인지에 대해 의논을 거듭해왔다. 그리고 최근 들어 위에서 도르래 장치로 조작하는 지레를 이용하는 들보라는 설로 정리되었다. 차양은 돛천으로 만들면 너무 무겁기 때문에 울로 만들었다는 것이 작금의 정설이다. 최소한 콜로세움에서는 대자색으로 물들여두었던 모양이며, 차양 사이로 햇빛이 비치면 모래 위에 빙글빙글 색이 변하는 빛의 파도가 생겼다고 한다.

콜로세움에서 칼리굴라 황제가 내린, 이제는 악명을 떨치는 명령은 차양 효과를 확실하게 실증하는 것이 되었다. 이글거리는 태양이 떠 있는 더운 날, 황제가 모처럼 주최한 쇼를 구경하는 관객의 반응이 시큰둥했다. 황제는 차양을 펼쳤던 활대 담당 수부들에게

주4) 로마의 시인. 기원전 43~17년. 연애시를 다수 썼으며, 외설적인 작품 때문에 아우구스투스 황제에 의해 로마에서 추방당했다.

차양을 걷어버리라고 명령했다. 내리쬐는 태양을 차단하는 것은 없었고, 자물쇠를 채워버린 출입구로 도망치는 것도 불가능해 관객들은 열사병으로 쓰러지기 시작했다. 보통은 투기장을 서늘하게 유지하기 위해 향을 첨가한 물을 뿜는 분수(스파르시오, sparsio)가 사용되었다.

시합장의 모래는 일부러 수입한 것이었다. 네로 황제가 반짝반짝 빛나도록 금가루를 섞으라는 명령을 내렸다고 하는데, 이것은 칼

59년의 폭동이 한창 벌어지던 원형 투기장. 이 때문에 폼페이의 투기장은 향후 10년간 투기회 개최가 금지된다. 여기서는 차양이 펼쳐져 있음에 주목해주었으면 한다. 나폴리시 박물관이 소장한 오리지널 벽화에는 부근의 건물에 투기회 선전 문구가 보인다. (저자가 그린 일러스트)

리굴라 황제와 네로 황제가 녹색 빛이 도는 파랑과 붉은색을 칠한 가루를 보통 모래보다 더 좋아했다는 사실을 잘못 해석한 것뿐일지도 모른다.

원형 투기장의 밥공기 모양 구조는 열을 안쪽으로 반사하고, 소리를 바깥쪽으로 울리게 했다. 검투사가 내는 어떤 소리든 최상단까지 확실하게 들렸기 때문에 검투사는 중상을 입어도 무언으로 버텨야만 한다는 규칙이 있었다. 최하층 계급 사람들이 있던 최상단에서도 확실하게 시합을 볼 수 있었다. 건물 구조상 관객석의 누가 봐도 잘 보였기 때문에 페트로니우스 아르비테르의 1세기 희곡 『사티리콘』의 등장인물 에키온[5]도 그 욕망을 만족할 수 있었다.

'살육의 장이 한가운데에 있었고, 관객석 어디서든 자비 없는 차가운 강철이 보이는 것이다!'

관객이 자리에 앉으면 드디어 투기회가 시작된다. 사회 진행을 맡은 선포자(프라이코, praeco)가 하는 일은 쇼의 아나운스였다. 투기회 주최자들은 고관의 예복과 망토를 착용하는 것이 허용되었다. 페트로니우스는 등장인물인 에키온에게 그런 사정에 대해 장황하게 늘어놓게 했다. 정치가가 되겠다는 야망을 품은 자가 투기회의 비용을 대는 것에 대해 그는 이렇게 말했다.

'… 그리고 그에게는 자금이 있다. 아버지가 죽었을 때

주5) 트리마르키오의 향연에 초대받은 헌옷 장수. 초대주와 마찬가지로 해방 노예.

3,000만을 남겨준 거지. 40만을 쓴다 해도 주머니는 전혀 문제가 없고, 역사에 이름이 남는다. 말도 안 되게 큰 짐승 같은 남자들과 이륜전차에 타고 싸우는 여자도 한 명 있지…. 이게 잘만 되면 (라이벌인) 노르바누스의 표를 전부 가로채게 될 거야. 알겠나? 분명히 낙승이야!'

고명한 투수사(베스티아리우스)와 검투사들이 이륜마차와 전차를 타고 등장한다. 자신들의 명성을 높이기 위해 출자한 금액에 따라 투기회의 주최자는 화려한 입장 신을 계획할 수 있었다. 귀족이나 황제들이 검은색과 흰색의 줄무늬가 들어간 말, 즉 아프리카 얼룩말에 이끌려 등장했던 적도 있었다.

The parade in the arena: early morning
시합장에서의 퍼레이드 — 이른 아침

시합장에서의 퍼레이드(폼파, 행진) 도중, 주최자는 이래도 될까 싶을 정도로 얼굴을 보여주고 다니는 것이 중요했다.

폼페이의 부조에는 검투사의 방어구를 노예가 운반하는 모습이 그려져 있다. 나팔수(티비켄, tibicen)들은 음악을 연주하고, 노예들은 마르스, 헤르쿨레스, 네메시스, 빅토리아 등 전쟁의 신들을 본뜬 조각상을 장식한 운반대(페레트룸)를 어깨에 지고 옮긴다. 출입구 통로(카르케르)에서 검투사들이 투구 지급을 받을 때, 관객은 행진에 짜

증을 내기 시작한다. 아무리 봐도 온갖 수단으로 표를 벌려는 것이
다. 이 시기에 '원형 투기장의 행진처럼 따분해'라는 표현이 유행했
다.

The venatio: beast hunting
웨나티오 — 야수 사냥

아침은 야수 사냥(웨나티오)으로 시작된다. '산 자의 문(포르타 사나비
바리아, Porta Sanavivaria, 투사의 입장구)'과 '죽은 자의 문(포르타 리비티네시
스, porta Libitinesis, 사체가 되어 나가는 출구)'을 막고 있던 울타리를 치우
고, 불운한 동물들을 시합장에 푼다. 야수 사냥으로 희생되는 동물
들은 유럽, 아프리카와 중동 각지에서 빠짐없이 모아왔다. 야수 사
냥이 끝나면 죽은 동물들은 시합장 밖으로 끌려 나갔다. 태양은 아
까보다 높고, 이미 아침이 한창.

피와 부패한 고기 냄새가 열기를 타고 차양 안으로 밀려든다. 음
악과 노래가 관객들로 하여금 눈 아래의 시합장에서 벌어지는 작
업에서 눈을 돌리게 한다. 귀족 중에는 낮 정찬을 하기 위해 귀가하
는 자도 있었다. 세네카는 이후에 벌어지는 쇼의 잔혹함은 일반 대
중에게야말로 안성맞춤이라 생각하고 있었다.

The afternoon show: the noxii
오후 쇼 — 녹시우스

　폼페이에서는 아직 감옥이 발굴되지 않았으나, 적어도 유적의 8분의 1이 아직 재 아래 묻혀 있기에 아직 모습을 드러낼 가능성은 있다. 이 촌티 나는 마을에도 범죄자라는 것이 있었다면, 투기회는 다른 지역과 큰 차이 없이 진행되었으리라 여겨진다. 야수 사냥 후에는 죄인(녹시우스)이 오락을 제공했다. 시합장 안으로 행진하는 범죄자, 추방자, 전쟁 포로들에게 때로는 무기나 방어구가 주어졌고, 그들은 최후의 한 명이 될 때까지 싸우라는 말을 들었다. 세네카는 이렇게 기록했다.

폼페이의 푼 옆 기둥에 남아 있는 경첩의 흔적. 일단 시합장에 풀어놓은 야수나 범죄자는 절대로 통로의 어둠 속으로 다시 도망칠 수 없었다. 석조물에 뚫린 구멍은 튼튼한 문짝이 통로에서 시합장으로 가는 개구부를 막고 있다는 것을 나타낸다. 문의 빗장은 바닥에 내려놓도록 만들어져 있다. (저자 촬영)

'방어구나 기능이 어째서 필요한가? 이자들의 최후를 지연할 뿐이다. 아침에는 사자나 곰에게 던지고, 낮에는 관객들 앞에 풀어놓는다. 관객은 그들이 서로 죽고 죽이는 모습을 바라보며, 승자는 그대로 다음 살육에 착수한다…. 이런 일이 시합장이 텅 빌 때까지 계속된다.'

때로는 철구와 메이스로 완전무장한 베테랑 검투사들(아마도 포스투라티, postulati)이 '모범적인 살해 방법'을 보여주기 위해 무기를 들지 않은 남자들을 공격했다. 죄인에게 무기를 쥐어준 시점에서 관객들은 그가 정식 검투사인지 아닌지 알 수가 없지만, 훈련을 받고 조금은 싸울 수 있다는 인상은 줄 수 있었을 것이다. 필연적으로 그는 숙련 검투사에게 쓰러진다. 그렇게 처형을 구경거리로 만든 것에 불과하다.

The familia gladiatoria
검투사단

검투사 양성소가 각각의 실력을 펼쳐 보일 때가 오면, 귀족들도 그날의 인기쇼를 보기 위해 자리로 돌아왔다. 이류 양성소 검투사(메리디아나, meridiana, 한낮에 싸우는 검투사들이라는 뜻)부터 최고위 검투사(프리무스 팔루스)까지가 명성과 상금을 걸고 실력을 겨룬다. 투사들은 울려 퍼지는 나팔과 투기장 벽에 설치된 수압 오르간 소리를 신호로 입장한다. 아마도 그때 투기회의 주최자에게 무언가 인사를 했을 것이다.

이류 투사는 제비뽑기로 조합을 정해 싸웠다. 그들이 사용하는 무기는 관객의 눈앞에서 무기가 예리하다는 것을 입증하는 의식(프로바티오 아르모룸, probatio armorum)을 거쳐 점검을 마친 것이다. 나팔 소리와 함께 많은 페어가 등장해 시합장의 원주를 따라 흩어진다. 하지만 그들만 싸우는 건 아니다. 양성소의 훈련사가 지시를 내리고 적의 약점 등을 조언한다. 거기에다 가죽 채찍을 든 노예들(롤라리이, lorarii)이 대기한다. 폼이 안 난다거나 패기가 부족하다고 훈련사가 판단했을 때 그들을 때려눕히기 위해서다.

검투사가 중상을 입으면 나팔이 울리고, 관객은 자리를 박차고 일어나 "해냈다! 해치웠다!(Habet! hoc Habet!)"라고 외쳤다. 목숨을 구걸할 때가 왔다.

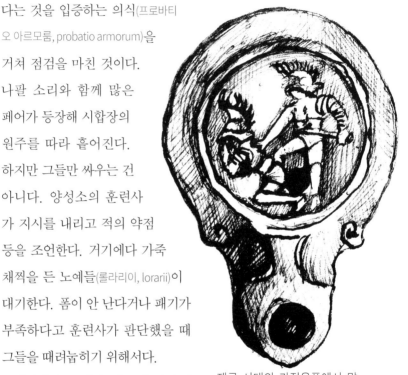

제국 시대의 가정용품에서 많이 볼 수 있는 투기와 관련된 무늬. 투기회 당일에는 어떤 원형 투기장이든 밖에서 판매하던 이 흔한 오일 램프에는 패배한 검투사의 등 뒤에서 승자가 끝장을 내는 모습이 그려져 있다. (저자가 그린 일러스트)

주최자는 쓰러진 투사가 한 손을 드는 것을 지긋이 바라본다. 구명(미수스)일지, 이미 죽은(페리이트, periit) 거나 다름없는지, 그의 운명은 관객의 손으로 넘어간다.

역사학자들은 관객이 죽음을 선고하는 손가락 동작에 대해 오랫동안 의논을 거듭해왔다. 현재는 엄지손가락을 치켜세운 주먹과 함께 "베어 죽여라!(Iugula!)"라고 외치면 처형했고, 엄지손가락을 아래로 내리면 무기를 두고 방면했으리라 생각한다. 전원이 미숙한 신인 검투사(티로네)인 운이 나쁜 이류 투사들은 쓰고 버렸으리라 생각해보면, 검이나 단검으로 목 뒤를 찌르거나 베고, 또는 목젖을 베어버리는 등의 방식으로 처형되었을 것으로 볼 수 있다. 이것은 아마도 척추의 절단에 의한 비교적 신속한 죽음이다. 모자이크화나 벽화에는 검투사가 무릎을 꿇고, 자신의 척수를 절단할 터인 글라디우스가 목덜미에 닿은 채로 승자의 다리를 안은 모습이 그려진 것이 있다. 사체는 손수레로 운반되었고, 노예들이 방어구를 벗겨냈다. 노예들은 간질을 고치는 힘이 있다고 여겨지던 검투사의 피를 암암리에 환자에게 팔았다.

이류 신인 검투사의 쇼가 끝나면 이름이 알려진 투사들이 등장한다. 우리의 검투사 다나오스가 나갈 차례도 여기다. 오후의 한창때라고 해야 할까, 약간 늦은 오후라고 해야 할까. 대충 이때쯤이 되면 높은 곳에서 대기하던 활대 담당들에게 차양을 말아 올리라는 신호가 온다. 콜로세움처럼 커다란 투기장에서는 특히 더 천의 폭이 넓기 때문에 자칫하다간 꽤 곤란하게 되는 작업이었다. 따뜻한 상승 기류가 천을 다루기 어렵게 했다.

오후 시합 중 하나는 투망 검투사(레티아리우스) 네그리무스와 추격 검투사(세쿠토르) 프리에덴스의 싸움이다. 이 두 사람이 실제로 최고급 검투사였는지, 아니면 실은 이류 검투사였는지 우리가 알 수 있는 방법은 없지만, 그들의 모습은 폼페이의 벽에 남아 있다. 다나오스의 시합은 이다음이다.

나팔 소리가 울리고, 투사들은 빈틈을 노리며 서로의 주위를 돈다. 추격 검투사 프리에덴스는 커다란 스쿠툼 방패 뒤에 숨어서 투망 검투사 네그리무스에게 접근하지만, 네그리무스는 기동성을 살려 거리를 유지하며 삼지창을 찌르고, 자신의 그물에 걸리지 않도록 재빨리 삼지창 끝을 모래에 찔러 넣는다. 레테라 불리는 그물을 던지지만 상대의 움직임을 완전히 봉쇄하지는 못하고, 그물을 뒤집어쓴 채로 프리에덴스가 돌진해온다. 다리에 일격을 당한 네그리무스가 쓰러졌다. 하지만 프리에덴스가 다시 다가와 그물을 던지는 쪽의 팔을 찌른 그 순간, 네그리무스가 일어났다. 추격 검투사 프리에덴스는 상대가 삼지창을 찔러왔지만 사각형 방패로 방어하고, 글라디우스도 아직 수중에 있다. 우리는 무슨 일이 일어난 건지 알 수 없지만, 투망 검투사 네그리무스는 또다시 다리에 공격을 받았음에도 불구하고, 갑자기 프리에덴스의 우위에 서서 삼지창으로 다리를 찔러 그의 자유를 빼앗았다. 프리에덴스는 자비를 요청하는 동작을 취했다. 잠시 사이를 두고, 주최자는 객석의 분위기를 살피고 결정을 내렸다. 프리에덴스는 죽어야만 한다.

그물을 던지는 팔과 양 다리에 중상을 입은 네그리무스에겐 추격 검투사를 끝장낼 힘이 남아 있지 않았고, 다른 투망 검투사 히포리

'쿠피도는 추격 검투사 벨레폰스의 손에 죽다.' 쿠피도의 이름 뒤에 죽음의 상징(그리스 문자 Θ)이 그려져 있는 것은, 그가 시합에 등장하는 것은 이번이 마지막이라는 의미다. 그를 죽이려 하는 검투사는 추격 검투사의 투구 장식이 달린 투구를 쓰고 있다. (저자가 그린 일러스트)

투스에게 도움을 요청하는 신호를 보냈다. 그러는 동안 프리에덴스는 무언으로 죽음의 일격을 받기 위해 무릎을 꿇었다. 히포리투스는 검을 아직 투구를 쓴 상태인 프리에덴스의 목젖에 가져다 댔다. 네그리무스는 담담하게, 프리에덴스의 등 뒤에서 칼날 위를 밀었다.

투망 검투사 네그리무스는 승자의 상을 받았다. 명성과 주목과 종려나무 가지다. 승패표에 그의 이름과 승자(윅토르, victor)를 나타내는 V 문자가 쓰였다. 추격 검투사 프리에덴스의 이름 옆에는 그리스어로 죽음을 의미하는 타나토스(thanatos)에서 TH의 문자인 Θ (세타)가 적혔다.

다나오스의 묘비는 오스트리아의 빈에 있는 미술사 박물관에 있는데, 우리가 그에 대해 알 수 있는 것은 굉장히 적다. 그의 이야기를 완결하기 위해서라는 것만으로 좀 더 기록이 많이 남아 있는 다른 트라키아 검투사(트락스)의 싸움을 다나오스의 것으로 말하는 것은 부당할 것이다. 다나오스가 어떻게 자유를 손에 넣었는지, 승리를 거듭해 자유를 샀는지, 주최자에게서 루디스 수여를 인정받은 건지, 우리로서는 알 도리가 없다. 만약 다나오스가 관객들에게서 상으로 루디스를 받은 것이라면, 투기회의 주최자는 투사의 시장가격에 어울리는 금액을 그의 흥행사에게 지불하게 된다. 마찬가지로 다나오스가 검투 시합(무네라) 중에 중상을 입었기에 흥행사가 해방해주었다 해도, 주최자에게는 역시 지불의 의무가 있다. 우리는 다나오스의 최후의 싸움에 무슨 일이 있었는지는 모르지만, 그 대신 그가 검투사로서 아홉 번째 시합에서 승자가 되었을 때의 모습을 따라가보자.

계단을 올라(폼페이에서는 시합장에서 목제 가설 계단이 설치되어 있었던 것으로 보인다) 주최자의 연단으로 다가가 승리의 가지를 수여받았다. 폼페이의 낙서가 보여주는 것처럼 다나오스는 시합장으로 돌아가 승리의 징표를 머리 위로 쥐고 자랑스럽게 흔들면서 시합장을 한 바퀴 돌았다. 투구는 아직 쓴 상태다. 검투사의 활약이 특히 칭찬할 가치가 있을 경우, 주최자는 자유의 상징으로 목제 검(루디스)을 내렸다. 루디스가 그대로 자유의 몸이 된 검투사의 소유가 되었는지, 아니면 단순히 공식적인 상징으로서 그 자리에서만 사용하는 것이었는지는 확실하지 않지만, 어느 쪽이든 그것은 검투사가 두 번 다시 분노에 몸을 맡기고 검을 휘두를 필요가 없다는 것을 의미했다. 필자는 루디스가 실제로 선물로서 수여된 것이라 믿는다.

죽은 투사가 어느 정도 지명도와 인기가 있었다면, 호화로운 장례가 치러졌을 것이다. 불행하게도 쓰러진 검투사의 대부분은 동료 검투사나 재산가 연인이나 후원자가 장례를 치를 비용을 부담해준다면 운이 좋은 편이었다. 만약 프리에덴스가 검투사의 최고위인 프리무스 팔루스였다면, 네로 황제가 그의 검투사들에게 내렸던 것처럼 관은 호박색으로 칠하고, 성대한 장례가 계속되었을 것이다. 생전에 그를 사랑한 자들도 모여 그의 죽음을 추모한다. 유명한 검투사의 장례식에서는 때때로

'검투사단은 사토르니로스를 그리워하며 이것을 건립했다.' 이 트라키아 검투사의 묘비에는 이렇게 적혀 있다. 정강이 보호대 아래에 충전물을 채운 바지 형태의 무언가를 착용한 것에 주목해주었으면 한다. 종려나무 가지는 그가 승자라는 것을 알려준다. (저자가 그린 일러스트)

자발적인 추도 행위를 하는 자도 있었다. 어떤 젊은 남자는 사랑하는 히어로를 잃고 살아갈 수는 없었기에, 화장용 장작더미 위에 스스로 몸을 던졌다고 한다.

지금 다나오스는 자유의 몸이다. 2만 관객의 유지들에게 모은 상금(프라이미움)도 있다. 그에게는 몇 가지 선택지가 있었다. 시리아인 투사 프란마처럼 자유민으로 양성소로 돌아가 검투사 일을 계속하거나, 양성소의 훈련사로서 트라키아식 싸움 방식을 신입생에게 가르치거나. 프란마는 실제로 양성소로 돌아가 싸우는 것을 선택했는데, 다나오스는 은퇴를 결정했다. 자유로워진 검투사는 그동안 번 상금을 밑천 삼아 노예 시장에서 새로운 인재(티로네)를 사들여 스스로가 흥행사가 되는 것도 가능했다.

은퇴

은퇴한 검투사가 선술집에서 술을 마시며 체험담을 얘기하는 모습은 저절로 미소가 지어지며, 그런 사실이 없었다고 단언할 수도 없다. 증거는 아무것도 남아 있지 않지만, 결혼해서 안정을 찾았다는 기록은 적긴 하지만 존재한다. 검투사들은 남성과 여성 양쪽의 욕망을 자극하는 존재였다.

폼페이의 숙사에서 발견된 여성이 몸에 두르고 있던 고가의 보석은 유복한 여성과 그 연인이던 검투사들의 마지막 만남의 흔적인지도 모른다. 여기서 검투사가 복수형인 것은 그녀 죽었을 때 그 방에는 8명의 검투사가 있었기 때문이다.

유베날리스는 나이가 든 전직 검투사와 사랑의 도피를 해서 그 이름을 더럽힌 에피아라는 여성에게 통렬한 비난을 날렸다. 그는 이렇게 물었다⋯.

'에피아를 노예로 만든 싱싱한 매력이란 뭐지? 검투사의 아내라 불리는 것에서 어떤 가치를 찾아낸 걸까? 그녀가 사랑하는 청년이 머리를 깎기 시작한 건 아주 오래전의 일이다. 그리고 한 손에는 은퇴라는 희망을 준 상처가 있다. 그리고 그는 끔찍할 정도로 추하다. 투구의 상처 자국이 남았고,

은퇴한 전직 검투사 다나오스의 묘의 부조. 아내 헤오르테와 결혼하고 아들 아스크레피아테스를 낳았다. 다나오스가 지원한 검투사였기에 결혼할 수 있었던 건지, 자유를 쟁취해 결혼한 건지는 우리로서는 알 도리가 없다. (저자가 그린 일러스트)

코에는 사마귀가 하나 있고, 눈은 항상 가만히 있지를 못한다. 그 어떤 아도니스[주1]도 검투사들은 당해내지 못한다. 아이보다도, 고향보다도, 여동생보다도 그녀는 검투사를 좋아한다. 그리고 남편보다도…. 그녀들이 총애하는 건 검 말고는 없다. 여자라는 생물은!'

다나오스의 가족은 그의 묘를 2세기에 만들었다. 그는 아내 헤오르테와 결혼해 아스크레피아데스라는 아들을 낳았다. 묘비에는 기

주1) 연애의 여신 베누스의 사랑을 받은 미소년. 베누스는 그리스 신화의 아프로디테에 해당하며, 아프로디테와 페르세포네가 이 미소년을 놓고 다퉜을 정도이니 상당한 미소년이었을 것이다.

르던 개가 그려져 있는 모양인데, 개는 죽음의 상징인 것으로 보아 이건 틀린 해석일지도 모른다.

Chances of survival
살아남을 공산

현대의 계산을 그대로 받아들였을 때, 검투사가 살아남아 은퇴할 공산은 그 직업의 성질로 보아 로마 군단병의 그것보다 낮다. 애초에 정적끼리 우위를 과시하기 위해 여는 검투 시합에서는 상대보다 더 뛰어나야만 했고, 최고의 쇼는 가장 많은 피가 흐르는 것이었다는 말이 된다. 공화정 시대에는 투기회에서 패한 자는 반드시 죽는다(시네 미수스, sine missus)[주2]라고 미리 고지되었다. 아우구스투스 황제가 이것을 폐지했기 때문에 1세기에는 패배한 검투사도 투지가 있는 움직임만 보여준다면 살아남을 수 있는 공정한 기회가 있었던 모양이다. 하지만 제정 시대가 이어지면서 사법과 군의 현행 세력이 시합장을 좌지우지하게 되었으며, 검투사들은 다시금 더욱 빈번하게 죽음을 맞이하게 된 모양이다. 역사학자 조르주 빌은 1세기에 행해진 1 대 1 싸움 100 시합을 조사하고, 200명의 검투사 중에서 죽은 것은 겨우 19명이라는 것을 도출해냈다. 9 대 1의 생존율이다. 빌의 계산에 의하면, 3세기에는 대체로 1시합당 1명의 투사가 죽어나갔다.

주2) 해방(구명, missus)이 없다(sine)는 의미.

콜체스터에서 제조된 유리컵에 그려진 싸우는 검투사들. 60년의 보아디케아(브리타니아에 살던 이케니족의 여왕)의 반란으로 마을이 붕괴할 때까지 콜체스터의 숙사에 있던 검투사들인 걸까. (저자가 그린 일러스트)

다나오스가 시리아인 투사 프란마처럼 30세까지 살았다고 한다면, 그건 검투사의 평균수명을 넘어선 것이다. 1세기 묘비에 기록된 사망 연도의 평균은 27세였는데, 검투사의 대부분은 18세부터 25세 사이에 죽었다. 광기에 물든 눈으로 바라보는 수천의 관중 앞에서 집중력이 가장 필요한 그때의 두려움에 익숙하지 않은 것이 그들의 발목을 잡는다. 이름도 모르는 수많은 신인 검투사들에게 무덤은 없다. 그들에게 승리는 없었던 것이다.

Re-Enactment
재현 ─ 후기를 대신해

　로마 군을 재현하는 작업은 뿌리 깊은 인기가 있다. 그런데 영국에 있는 재현 그룹 중 하나가 포츠머스에 본거지를 둔 현대의 아우구스타 제2군단을 결성했고, 스스로를 '베스파시아누스(콜로세움을 착공한 황제)의 검투사'라 부르는 단체를 결성했다.

　영화《글래디에이터》의 성공을 따르듯이, 영국의 수많은 그룹이 몇 년이나 간직해왔던 것들을 속속 실행에 옮기기 시작했다. 영화 개봉 후 1년 이내에 수많은 파밀리아 글라디아토리아의 재현 그룹과 프로 엔터테인먼트팀이 오락성이 풍부한, 사실에 충실한 쇼를 되풀이하게 되었다. 그중에서도 독일의 마르쿠스 융켈만 박사의 투기 복원팀은 실험에 기초한 고고학이 만들어낸 가장 특필할 만한 가치가 있는 것일 것이다. 세부에 대한 집착은 비길 데가 없다. 아우구스타 제2군단(The second Legion Augusta)의 연락처(인터넷 메일 주소)는 legiiavg@cwcom.net이다. 또 프로 엔터테인먼트 그룹인 스턴트 액션 스페셜리스트(Stunt-Action-Specialists)는 검투사를 주제로 지식을 얻을 수 있음과 동시에 가슴 뛰는 투기 쇼를 제작 중이다. 연락처는 mark@stuntaction.plus.com.

　관객 앞에서 정말 싸우는 것처럼 연기하는 것은 장비에 들어가는 경비 이상으로 어려운 문제다. 다른 시대의 칼싸움을 재현할 경우는, 더블릿(몸에 밀착되는 상의)이나 저킨(가죽제 조끼)이 베였음에도 상처가 없는 것을 숨겨준다. 그렇기에 사람들 앞에서 반라의 검투사를 연기하는 것보다 고난이 적다. 안전을 명심하면서, 현대의 퍼포머들은 런던 박물관이나 대영박물관 등에서 정교하게 투기를 재현해 보여준다.

Bibliography
원서 참고 자료

- Grant, Michael, 'Gladiators', Penguin, 2000
- Junkelmann, Dr Marcus 'Das Spiel mit dem Todt-Roms Graditoren im Experiment', Philip Von Zabem, 2000
- Kohne, Eckhart, and Ewigleben, Cornelia(Eds.), 'The Power of Spectacle in ancient Rome', University of California Press, 2000
- Juvenal, 'Sixteen Satires', Penguin, 1998
- Byock, Jesse(Ed.), 'Martial in English', Penguin, 1996
- Ovid, 'The Erotic Poems', Penguin, 1996
- Petronius, 'The Satyricon', Penguin, 1997
- Pliny, 'The Letters of the Younger Pliny', Penguin, 1997
- Wiedemann, Thomas 'Emperors and Gladiators', Routledge, 1995
- Auguet, Roland, 'Cruelty and Civilization: The Roman Games', Routledge, 1994

용어 해설

||||||||||||||||||||||||||

갈레루스	투망 검투사의 어깨 방어구.
갈레아	투구
검투사 양성소	루디. 검투사 양성소도 포함한 학교.
글라디우스	검신이 곧은 검.
나우마키아	모의 해전
녹시우스	죽을 때까지 싸워야 했던 범죄자.
도전 검투사	프로워카토르 검투사. 글라디우스와 스쿠툼으로 무장한 검투사.
루디스	검투사가 자유의 몸이 된 증거인 목제 훈련용 검.
마니카	원래는 삼베나 가죽으로 만들었으나, 때로는 금속으로 만들기도 한 팔 방어구.
무누스	복수형 무네라. 죽은 자에게 경의를 표하는 기념 투기회.
미수스	아레나에서 목숨을 건지는 것.
발테우스	검투사의 혁대.
벨라	차양
수블리가쿨룸	검투사가 착용하는, 허리를 둘러 성기 부분을 가리는 하의.
스쿠툼	군단의 그것과는 약간 다른 목제 방패.
시카	칼날이 휘어진 검.
시합장	아레나. 원형 투기장에 있는 모래를 깐 싸움터.
야수 사냥	웨나티오. 검투사의 쇼에 앞서 열렸던 짐승 사냥.
양성소 검투사	메리디아누스. 이류 검투사
어인 검투사	무르밀로 검투사. 군단병과 마찬가지로 큰 스쿠툼과 글라디우스로 무장한 검투사.

원형 투기장	투기용 건물로, 타원형의 시합장(아레나)이 있다.
주최자	에디토르. 투기회의 개인 제공자.
중장 검투사	호플로마쿠스. 둥근 방패와 창으로 싸우는 중장비 검투사.
추격 검투사	세쿠토르 검투사. 투구를 푹 뒤집어 쓴 검투사.
카르케르	원형 투기장의 중앙을 지나는 통로.
카웨아	원형 투기장 내의 관객석.
콜로세움	로마에 있는 제국 최대의 원형 투기장.
투망	레테. 투망 검투사가 사용하는 그물.
투망 검투사	레티아리우스 검투사. 투망(레테)을 던지고, 삼지창과 단검으로 무장한 검투사.
투수사	베스티아리우스. 시합장에서 맹수를 사냥하는 투사.
트라키아 검투사	휘어진 시카와 작은 목제 방패로 무장한 검투사.
티로네	훈련생
파르물라	둥근 방패.
파스키나	투망 검투사의 삼지창.
파스키아	충전물을 끼워 바느질한 천(퀼트)으로 만든 다리 방어구.
팔루스	훈련용 검으로 베는 말뚝.
페리이트	그는 죽었다.
폼파	투기회 시작 전의 행진.
프라이코	아레나의 선포자.
프리무스 팔루스	최고급 검투사
훈련사	독토르. 검투사 양성소의 훈련사.
흥행사	라니스타. 검투사팀을 편성하는 개인 흥행주.

색인

지명

창작을 위한 자료집

AK 트리비아 시리즈

환상 네이밍 사전
신키겐샤 편집부 지음 | 유진원 옮김
의미 있는 네이밍을 위한 1만3,000개 이상의 단어

중2병 대사전
노무라 마사타카 지음 | 이재경 옮김
중2병의 의미와 기원 등, 102개의 항목 해설

크툴루 신화 대사전
고토 카츠 외 1인 지음 | 곽형준 옮김
대중 문화 속에 자리 잡은 크툴루 신화의 다양한 요소

문양박물관
H. 돌메치 지음 | 이지은 옮김
세계 각지의 아름다운 문양과 장식의 정수

고대 로마군 무기 · 방어구 · 전술 대전
노무라 마사타카 외 3인 지음 | 기미정 옮김
위대한 정복자, 고대 로마군의 모든 것

도감 무기 갑옷 투구
이치카와 사다하루 외 3인 지음 | 남지연 옮김
무기의 기원과 발전을 파헤친 궁극의 군장도감

중세 유럽의 무술, 속 중세 유럽의 무술
오사다 류타 지음 | 남유리 옮김
중세 유럽~르네상스 시대에 활약했던 검술과 격투술

최신 군용 총기 사전
토코이 마사미 지음 | 오광웅 옮김
세계 각국의 현용 군용 총기를 총망라

초패미컴, 초초패미컴
타네 키요시 외 2인 지음 | 문성호 외 1인 옮김
100여 개의 작품에 대한 리뷰를 담은 영구 소장판

초쿠소게 1,2
타네 키요시 외 2인 지음 | 문성호 옮김
망작 게임들의 숨겨진 매력을 재조명

초에로게, 초에로게 하드코어
타네 키요시 외 2인 지음 | 이은수 옮김
엄격한 심사(?!)를 통해 선정된 '명작 에로게'

세계의 전투식량을 먹어보다
키쿠즈키 토시유키 지음 | 오광웅 옮김
전투식량에 관련된 궁금증을 한 권으로 해결

세계장식도 1, 2
오귀스트 라시네 지음 | 이지은 옮김
공예 미술계 불후의 명작을 농축한 한 권

서양 건축의 역사
사토 다쓰키 지음 | 조민경 옮김
서양 건축의 다양한 양식들을 알기 쉽게 해설

세계의 건축
코우다 미노루 외 1인 지음 | 조민경 옮김
세밀한 선화로 표현한 고품격 건축 일러스트 자료집

지중해가 낳은 천재 건축가
-안토니오 가우디
이리에 마사유키 지음 | 김진아 옮김
천재 건축가 가우디의 인생, 그리고 작품

민족의상 1,2
오귀스트 라시네 지음 | 이지은 옮김
시대가 흘렀음에도 화려하고 기품 있는 색감

중세 유럽의 복장
오귀스트 라시네 지음 | 이지은 옮김
특색과 문화가 담긴 고품격 유럽 민족의상 자료집

과학실험 공작 사전
야쿠리 교시쓰 지음 | 김효진 옮김
공작이 지닌 궁극의 가능성과 재미!

크툴루 님이 엄청 대충 가르쳐주시는
크툴루 신화 용어사전
우미노 나마코 지음 | 김정규 옮김
크툴루 신화 신들의 귀여운 일러스트가 한가득

고대 로마 군단의 장비와 전술
오사다 류타 지음 | 김진희 옮김
로마를 세계의 수도로 끌어올린 원동력

제2차 세계대전 군장 도감
우에다 신 지음 | 오광웅 옮김
각 병종에 따른 군장들을 상세하게 소개

음양사 해부도감
가와이 쇼코 지음 | 강영준 옮김
과학자이자 주술사였던 음양사의 진정한 모습

미즈키 시게루의 라바울 전기
미즈키 시게루 지음 | 김효진 옮김
미즈키 시게루의 귀중한 라바울 전투 체험담

산괴 1~3
다나카 야스히로 지음 | 김수희 옮김
산에 얽힌 불가사의하고 근원적인 두려움

초 슈퍼 패미컴
타네 키요시 외 2명 지음 | 문성호 옮김
역사에 남는 게임들의 발자취와 추억

고대 로마 **글래디에이터**의 세계

초판 1쇄 인쇄 2025년 4월 10일
초판 1쇄 발행 2025년 4월 15일

저자 : 스티븐 위즈덤
채색화 : 앵거스 맥브라이드
번역 : 문성호

펴낸이 : 이동섭
편집 : 이민규
디자인 : 조세연
기획 · 편집 : 송정환, 박소진
영업 · 마케팅 : 조정훈, 김려홍
e-BOOK : 홍인표, 최정수, 김은혜, 정희철, 김유빈
라이츠 : 서찬웅, 서유림
관리 : 이윤미

㈜에이케이커뮤니케이션즈
등록 1996년 7월 9일(제302-1996-00026호)
주소 : 08513 서울특별시 금천구 디지털로 178, B동 1805호
TEL : 02-702-7963~5 FAX : 0303-3440-2024
http://www.amusementkorea.co.kr

ISBN 979-11-274-8768-3 03920

Warrior 39 Gladiators 100 BC-AD 200
Stephen Wisdom
Angus McBride
© Osprey Publishing, 2001.
This translation of Gladiators: 100 BC-AD 200 is published by
AK Communications by arrangement with Bloomsbury Publishing Plc.

이 책의 한국어판 저작권은 Bloomsbury Publishing Plc.와의 독점계약으로
㈜에이케이커뮤니케이션즈에 있습니다.
저작권법에 의해 한국 내에서 보호를 받는 저작물이므로 무단전재와 무단복제를 금합니다.

*잘못된 책은 구입한 곳에서 무료로 바꿔드립니다.